副刊文丛

主编 李辉 王刘纯

走读生

李福莹 著

中原出版传媒集团
中原传媒股份公司
大象出版社
·郑州·

图书在版编目(CIP)数据

走读生／李福莹著.—郑州：大象出版社，2018.4
(副刊文丛／李辉，王刘纯主编)
ISBN 978-7-5347-9558-9

Ⅰ.①走… Ⅱ.①李… Ⅲ.①文化—名人—访问记—中国—现代 Ⅳ.①K825.4

中国版本图书馆 CIP 数据核字(2017)第 276685 号

走读生
ZOUDUSHENG

李福莹 著

出 版 人	王刘纯
项目统筹	李光洁 成 艳
责任编辑	杨 倩
责任校对	裴红燕
封面设计	段 旭
内文设计	杜晓燕

出版发行	大象出版社(郑州市开元路16号 邮政编码450044)
	发行科 0371-63863551 总编室 0371-65597936
网 址	www.daxiang.cn
印 刷	北京汇林印务有限公司
经 销	各地新华书店经销
开 本	787mm×1092mm 1/32
印 张	9.375
版 次	2018年4月第1版 2018年4月第1次印刷
定 价	38.00元

若发现印、装质量问题,影响阅读,请与承印厂联系调换。
印厂地址 北京市大兴区黄村镇南六环磁各庄立交桥南200米(中轴路东侧)
邮政编码 102600 电话 010-61264834

"副刊文丛"总序

李 辉

设想编一套"副刊文丛"的念头由来已久。

中文报纸副刊历史可谓悠久,迄今已有百年。副刊为中文报纸的一大特色。自近代中国报纸诞生之后,几乎所有报纸都有不同类型、不同风格的副刊。在出版业尚不发达之际,精彩纷呈的副刊版面,几乎成为作者与读者之间最为便利的交流平台。百年间,副刊上发表过多少重要作品,培养过多少作家,若要认真统计,颇为不易。

"五四新文学"兴起,报纸副刊一时间成为重要作家与重要作品率先亮相的舞台,从鲁迅的小说《阿Q正传》、郭沫若的诗歌《女神》,到巴金的小说《家》等均是在北京、上海的报纸副刊上发表,从而产生广泛影响的。随着各类出版社雨后春笋般出现,杂志、书籍与报纸副刊渐次形成三足鼎立的局面,但是,不同区域或大小城市,都有不同类型的报纸副刊,因而形成不同层面的读者群,在与读者建立直接和广泛的联系方面,多年来报纸副刊一直占据优势。近些年,随着电视、网络等新兴媒体的崛起,报纸副刊的优势以及影响力开始减弱,长期以来副刊作为阵地培养作家的方式,也随之隐退,风光不再。

尽管如此,就报纸而言,副刊依旧具有稳定性,所刊文章更注重深度而非时效性。在新闻爆炸性滚动播出的当下,报纸的所谓新闻效应早已滞后,无法与昔日同日而语。在我看来,唯有副刊之类的版面,侧重于独家深度文章,侧重于作者不同角度的发现,才能与其他媒体相抗衡。或者说,只有副刊版面发表的不太注重新闻时效的文章,才足以让读者静下心,选择合适时间品茗细读,与之达到心领神会的交融。这或许才是一份报纸在新闻之外能够带给读者的最佳阅读体验。

1982年自复旦大学毕业,我进入报社,先是编辑《北京晚报》副刊《五色土》,后是编辑《人民日报》副刊《大地》,长达三十四年的光阴,几乎都是在编辑副刊。除了编辑副刊,我还在《中国青年报》《新民晚报》《南方周末》等的副刊上,开设了多年个人专栏。副刊与我,可谓不离不弃。编辑副刊三十余年,有幸与不少前辈文人交往,而他们中间的不少人,都曾编辑过副刊,如夏衍、沈从文、萧乾、刘北汜、吴祖光、郁风、柯灵、黄裳、袁鹰、姜德明等。在不同时期的这些前辈编辑那里，我感受着百年之间中国报纸副刊的斑斓景象与编辑情怀。

行将退休，编辑一套"副刊文丛"的想法愈加强烈。尽管面临新媒体的挑战，不少报纸副刊如今仍以其稳定性、原创性、丰富性等特点，坚守着文化品位和文化传承。一大批副刊编辑，不急不躁，沉着坚韧，以各自的才华和眼光，既编辑好不同精品专栏，又笔耕不辍，佳作迭出。鉴于此，我觉得有必要将中国各地报纸副刊的作品，以不同编辑方式予以整合，集中呈现，使纸媒副刊作品，在与新媒体的博弈中，以出版物的形式，留存历史，留存文化，便于日后人们借这套丛书领略中文报纸副刊（包括海外）曾经拥有过的丰富景象。

"副刊文丛"设想以两种类型出版，每年大约出版二十种。

第一类：精品栏目荟萃。约请各地中文报纸副刊，挑选精品专栏若干编选，涵盖文化、人物、历史、美术、收藏等领域。

第二类：个人作品精选。副刊编辑、在副刊开设个人专栏的作者，人才济济，各有专长，可从中挑选若干，编辑个人作品集。

初步计划先从20世纪80年代开始编选，然后，再往前延伸，直到"五四新文学"时期。如能坚持多年，相信能大致呈现中国报纸副刊的重要成果。

将这一想法与大象出版社社长王刘纯兄沟通，得到王兄的大力支持。如此大规模的一套"副刊文丛"，只有得到大象出版社各位同人的鼎力相助，构想才有一个落地的坚实平台。与大象出版社合作二十年，友情笃深，感谢历届社长和编辑们对我的支持，一直感觉自己仿佛早已是他们中间的一员。

在开始编选"副刊文丛"过程中，得到不少前辈与友人的支持。感谢王刘纯兄应允与我一起担任丛书主编，感谢袁鹰、姜德明两位副刊前辈同意出任"副刊文丛"的顾问，感谢姜德明先生为我编选的《副刊面面观》一书写序……

特别感谢所有来自海内外参与这套丛书的作者与朋友，没有你们的大力支持，构想不可能落地。

期待"副刊文丛"能够得到副刊编辑和读者的认可。期待更多朋友参与其中。期待"副刊文丛"能够坚持下去，真正成为一套文化积累的丛书，延续中文报纸副刊的历史脉络。

我们一起共同努力吧！

2016年7月10日，写于北京酷热中

目 录

和她一起重回现场　　　　　　　　　　胡洪侠　1

褚钰泉：在风雨中不随风而动　　　　　　　　1
莫言：我是一条不愿被人网住的鱼　　　　　　12
止庵：父亲是一条远方流来的河　　　　　　　20
程永新：《收获》三代领头人的精神气息　　　29
董启章：这精神居所是意义的生产地　　　　　39
周克希：我尽可能做一块透明的玻璃　　　　　49
靳飞：纪念不纪念他都是曹禺　　　　　　　　61
周立民：晚年巴金，只想做"一个普通的
　　老实人"　　　　　　　　　　　　　　　69
张大春：我准备了一个负责任的"答案"　　　80

李永平：艰苦而又辛酸地叫一声"祖国"	88
温瑞安：武侠电影拍得越来越雷人	97
黎紫书：带来另一种华语文学	105
黄永松：建一座中华传统文化基因库	113
李继宏：我不是一个能够被诋毁的人	119
虹影：私生女情结还是我写作的根	129
阮义忠：我拍过的村庄，再也回不去了	139
宋以朗：何必说张爱玲晚景凄凉	148
刘慈欣：我是一个作家，更是一个科幻迷	155
马家辉："大叔控"是好东西，也是危险游戏	165
杨炼：我铸造一动不动的诗歌之点	175
江晓原：科学就是我们厨房里的一把切菜刀	185
笛安：我只是迷恋如何讲好一个故事	196
飞白：老人出海，一不小心就容易跑得太远	205
黄孝阳：你们从这路上走过，我是你们靴子下的土	214

李银河：我不是斗士，我只是在生活　　223

冯唐：在两性欲望背后捉"妖"　　232

阿乙：北岛先生就像一艘船，捎上了我　　238

林少华：注定要做一个"异乡人"　　249

张悦然：撕下青春文学标签破《茧》成蝶　　255

蔡志忠：我一直是那个台湾乡下小孩　　261

后记　　271

和她一起重回现扬

胡洪侠

多年以前,曾听"深圳碟王"讲,一桩杀人案,如果长期无法破获,有一个绝好的办法:警察天天在杀人现场蹲着就行了。

我不明所以,表示愿闻其详。

碟王说,这么简单的道理你都不懂!告诉你,杀人犯一般都会重回杀人现场。

为什么?我追问。

不为什么，就是这样。碟王不耐烦地回答。

李福莹要出新书，追着让我写序。我读她的书稿时，忽然就想起杀人犯重回现场的故事。

李福莹算是深圳资深文化记者了。多年来我见她出入各类文化现场，采访各色文化名人，提出各种刁钻古怪的问题。尤其难得者，她不仅参加别人的活动，还参与组织自己的活动；不仅倾听别人的见解，还勇于表达自己的观点；不仅自己一马当先稳坐会场前排，还带着宝贝女儿肩并肩排队求当红作家签名。

现在，她把她多年间采写的文稿重新整理，结集出版，意味着开启了重返现场的纸质模式。我就想：既然凶手都愿意重返杀人现场，那么李福莹愿意重回文化现场也没什么奇怪的，哪怕只是"纸质模式"。

既然她愿意，那么像我这样的读者，就更愿意了。原因很简单，她笔下的现场里常常有我。比如写张大春那一篇，她写道：

> 对于这个话题，胡洪侠也精辟地作出总结：读

者讨论《城邦暴力团》中的真假，等于自找麻烦。因为时间没有连续，历史从不完整；历史仍在历史之后，真相还在真相之中。

原来我说过这么精彩的话，而且还"精辟"！若不是她记下来，我早就忘掉了。

同一篇文章中，她还写道：

> 读者读到《城邦暴力团》"竹林七闲"这一章，便觉得门槛太高，很难跨越。于是，不少人质疑张大春炫技卖弄，其实，张大春并无此意。作为一个独特的文化存在，不是他懂得太多，而是我们懂得太少。张大春既是小说家、文学家，又是书法家、评论家，在中国的古代，这些身份本应是一个人，而现在却是分开的。张大春的真实想法是，回到古代，做一个真正的中国文化背景下的文化人。

这段话疑似也是我说的。嘿嘿。

当着张大春和几百位读者的面,我这个"著名业余主持人",还曾当场流利地背诵《城邦暴力团》的第一段:"孙小六从五楼窗口一跃而出,一双脚掌落在红砖道上;拳抱两仪、眼环四象、气吐三分、腰沉七寸,成了个蹲姿。"那都是临阵磨枪的功效,如今早忘了。

诸如此类的文化现场,不仅让我找回了我的"精辟",也让我看到了我的遗忘,这岂不是很难得?

在另一篇中,马家辉对李福莹说,当年他和杨照、胡洪侠写同题对照专栏,依照他的意思,名字就叫《大叔》,而不叫《对照记@1963》。"我这个人尊重朋友,假如让我选择的话,我不会选择太文艺的,第一本叫《大叔》,"马家辉说,"杨照和胡洪侠都不同意,觉得是侮辱他们,他们都不承认自己是大叔。我心有不甘,有一些我自己觉得是好的主意,一有了就有了,还是会在我的心里,有机会就要把它做出来。"

哈哈!这回终于抓住马家辉背后说朋友"坏话"了,多亏李福莹如实记录下来,此案得以保全了证据。我和杨照确实不同意叫《大叔》，可天知道，我们可不是说自己不承认自己是"大叔"，也没觉得受了什么"侮辱"；我们只是都认为，用"大叔"作书名，太不靠谱了；如此不靠谱的书名，只有马家辉才想得出来啊。果然，当年他不仅想到，后来竟然也做到了：他真出了一本叫《大叔》的书。

马家辉现在是小说家了。他写了个男同性恋的故事，书名起得堂皇明亮，叫作什么"龙头凤尾"。可是，重回李福莹的文化现场，你会发现，这本小说当初另有他名。马家辉说：

> 过去20年我一直写散文、写评论，但文学里面，处于金字塔顶尖位置的是诗歌与小说，所以，写小说是认真的挑战。我计划写一部12万字的小说，关注20世纪30年代至60年代的香港黑社会性质组织。我是在香港湾仔长大的，总觉得欠那些个地方一个故事，这部小说可能叫《金盆洗》。

我和杨照都可以证明，这段话确是马家辉所说的，连我们都听了不止一次。他当着美女记者的面在那里信口开河，言之凿凿，后来却全不兑现：不仅小说名字改了，字数也早超过12万，写香港黑社会性质组织也只写到抗战结束，离20世纪60年代还远着呢。他倒是没敢当着李福莹的面吹牛，说自己的小说出版后一定会获奖之类。恰恰是他没敢说的，后来当真实现了：《龙头凤尾》先是入选深圳读书月"年度十大好书"，后陆续在北京、台北、香港等地不断拿奖。

如此说来，倘若重回现场，当真趣味横生。你会发现：当年说过的话，如今已成"史料"，想不认账都不行；如今模糊遗忘的细节，却早成了历史中历历在目的证据。或者说，在那里你不是你，你是你的历史。我们靠重回现场，得以领回走失的那部分自己，可以填满不小心形成的记忆空白，更可以"听"着自己或朋友昔日口无遮拦的话仰天大笑。

既如此，我们且翻开此书，跟随李福莹从一个现场串到另一个现场。在越来越虚拟的世界里，让我们相信：

人世间大部分的真实现场,不仅值得当时亲临,而且值得日后重温。

2017 年 3 月 16 日,深圳

褚钰泉：在风雨中不随风而动

20世纪80年代初，《文汇报》开辟"书亭"专栏，介绍书的信息。1983年前后，"书亭"从小专栏变成了《文汇报》一个"读书与出版"的版面，这个版是《文汇读书周报》的前身。1985年，《文汇读书周报》正式创刊。20年来，它成了国内一份拥有专业水准、在书界具有大影响力的读书版面。

当《文汇读书周报》成长为一个21岁的英俊青年

时，一手将其带大的老主编褚钰泉已年过花甲。对于一辈子跟读书打交道的褚钰泉而言，《文汇读书周报》就像一个孩子，他牵着它的手，整整走过了16年。

20世纪80年代中期，因为缺乏其他纸媒读书版的陪伴，《文汇读书周报》曾一度孤独地做着读书人与书的"中间人"的角色。20多年后的今天，让褚钰泉感到高兴的是，各媒体的读书版已经像雨后春笋般冒了出来。

不过，褚钰泉仍觉得，读书版还应该增多，地位还要得到提高。搞读书版的编辑、记者们要坚持自己的理念，不违心，不浮夸，不误导，"在风风雨雨中不随风而动"，纯粹地为读书做点事情。

专为广大读书爱好者

早在20世纪80年代初，身为《文汇报》编辑的褚钰泉，出于个人爱好和对出版界的关注，弄了一个名叫"书亭"的专栏。"它在版面上仅占非常小的一块，主要是介绍书的信息，内容也零零碎碎。"在当时不大注重读书版的时代，褚钰泉精心地经营着这块自留地。

1983年前后，"书亭"从小专栏变成了《文汇报》一个"读书与出版"的版面。在其他纸媒几乎没有读书版面的时代，"读书与出版"引起了中宣部的注意。当时，中宣部为此专门发了一个内容为"加强书评工作"的文件，特别表扬了褚钰泉所编的这个版面，这个版就是《文汇读书周报》的前身。

《文汇读书周报》1985年试刊号上的"致读者"这样写着："它乘着'大鼓劲、大团结、大繁荣'的东风来到你们中间，将为丰富您的生活作一点贡献。"尽管明显带着时代的痕迹，但它的"专为广大读书爱好者，尤其是青年同志出版的"创刊宗旨，却一直延续到今天。

做"书市漫步"的阿昌

在今天看来，当时的《文汇读书周报》形式是很简陋的，全部用铅字排版印刷，一共只有四开4个版面。尽管其形式简陋，但内容的活泼和丰富却让褚钰泉十分自豪。"有书评、荐书、漫画、读者来信、短评等，每个版面都要放六七篇文章，信息量很大。"

褚钰泉讲了一件小事：对武侠小说在当时很有些不同看法，《文汇读书周报》为此特别开辟了一个专栏，欢迎读者展开争论。在现在看来，这似乎有点不值一提，但在20世纪80年代中期，该做法的确较为勇敢和创新。

"报纸一定要有自己的声音。"这是褚钰泉一贯的坚持。从《文汇读书周报》创刊，他就琢磨着怎样定位报纸的言论。"我想以读者一分子的角色，对书、对出版界、对文化现象发表言论。"褚钰泉给自己起了个老百姓都很容易接受的名字——阿昌，开始捉笔在"书市漫步"专栏发表言论。阿昌一出场，反响就十分强烈，关键是读者觉得这个"阿昌"会说话、敢说话，别人不敢骂的，阿昌却敢批评几句。

褚钰泉说，"阿昌"这个名字，在当年还闹出一个笑话。他在"书市漫步"中曾就某事批评了上海新华书店，这让该书店领导极为恼火，跑到报社一定让褚钰泉"把阿昌找出来"，要跟他打官司。当褚钰泉笑着说那个"阿昌"就是自己时，与其相交多年的书店领导非常吃惊，化怒为笑，把"跟阿昌打官司"改成了"请阿昌吃饭"。

当年，《文汇读书周报》还搞过一个"湘版读书俱乐部"。20世纪80年代中后期，出版界的湘军和川军是公认比较好的。《文汇读书周报》与湖南的几家出版社联合起来，定期把书推荐到上海，并请像余秋雨这样在当时较为活跃的作家撰写书评，不仅出版社很欢迎，读者也非常喜欢。

报纸应该有自己的风骨

《文汇读书周报》把书与读书人的"中间人"的角色，做得渐入佳境。在褚钰泉主编《文汇读书周报》期间，发行量最高时曾达到近10万份，这对一个只谈读书的报纸而言，实属不易。而广告量，却被他控制得很严格，很多人由此评价，褚钰泉没有经济头脑。但褚钰泉却说："我宁可多发几篇稿子，也不愿意让无聊的广告挤占版面。"在他眼里，报纸应该拥有自己的风骨。

从一件小事，就可以看得出褚钰泉的想法。一次，褚钰泉到浙江嘉兴做报纸的发行工作时，听朋友讲起朱生豪的夫人宋清如就住在嘉兴。朱生豪是我国第一部外国文学全集《莎士比亚全集》的翻译者，国内知名翻译家。他去世之后，宋清如一直住在嘉兴市一幢破旧的祖屋里。当时，曾有个外国访问团要来看望宋清如。当地政府顾及形象，给她提供了一座崭新住处，却被宋清如拒绝了。褚钰泉听说这件事后，对宋清如十分钦佩。

后来，又闻及宋清如想出版自己与朱生豪之间的情书，被出版社要求付几万元费用。褚钰泉十分气愤，便写了篇文章将此事在《文汇读书周报》上捅了出来。"没想到文章发表后，这本《宋清如书信集》竟有多家出版社争着出版。"褚钰泉认为，报纸的读书版要想做点事情，应该有自己的文化理念，才能在风风雨雨里不随风而动。

褚钰泉认为,现在图书市场泡沫化很厉害,有个别出版社不负责任地出版文化垃圾。与此同时,国民阅读率也在降低,读书版此时应该起到知识推手的作用。作为读书版的编辑记者,首先要兴趣广泛,虽然无法做到什么书都看,但一定要找到权威的人,获取正确的书评信息;其次对于"关系书",编辑记者最好拒绝,万一拒绝不了的,在报纸上说话分寸也要磨掉一点,什么"全国最好的书"之类的话要少说一点,别去误导读者;对于某些大作家的书,觉得不好就说不好,千万别怕得罪人说违心话,少做伪读书人。

读书版就是个"中间人"

当褚钰泉带着《文汇读书周报》走进20世纪90年代,某一段时间,他发现报纸媒介的读书版像雨后春笋般一个接一个地冒了出来。"《中华读书报》《中国图书商报》虽然诞生在我们之后,但发展却非常快。"

褚钰泉介绍道，除专业读书报纸外，其他大众报纸的读书版刚推出来时，一般只有新书的消息、简单的书评，直到进入21世纪，各读书版的思想性专题才加强。

熟悉褚钰泉的人都知道，他与巴金的私交非常好。但在巴老晚年，很多报社的读书版都向巴老要稿子，褚钰泉却放弃了这个念头。"我知道巴老身体不好，再向他开口要稿，于心不忍啊。"即使这样，巴老在晚年写的《怀念曹禺》等几篇文章，仍让女儿亲手送到褚钰泉那里，由《文汇读书周报》发表。

退休后的褚钰泉十分关注各报读书版的发展情况。比如《中国青年报》《广州日报》《新京报》的读书版，《深圳商报》的"文化广场"等都让他印象颇深。当得知本报的读书版《阅读周刊》时，褚钰泉感觉很好奇，说自己在上海不大容易看到《深圳晚报》，叮嘱记者一定收集几份《阅读周刊》给他寄过去。

褚钰泉理想中的读书版应该办得像"法国电视书评"：只要介绍一本书，明天就会影响到这本书的销量。"因为它完全脱离炒作的商业气息，纯粹地在做'读书',才能获得民众的如此信任。"褚钰泉说,在中国,办读书版应该雅俗共赏,除了让文人、学者看,还应让更多读者找到自己的兴趣点。阅读对人的生活是十分重要的,读书版就是个"中间人",以"职业读书人"的角度,让更多人因为接触书的信息,从而喜欢书,接着就去读书。

记者手记

这次交谈整整用了两个小时,褚钰泉老师认真地回答我每一个问题,既谦逊又平和。在具体说到某个人的名字时,为了准确,我会跟他核实一次,他却有点过意不去:"我普通话讲得不好,难为你了。"采访结束,我向他道谢,他却说:"客气了,客气了。"褚老师一再强调,他是跟我聊天,不是采访,最好不用写出来。他说,能跟晚辈聊聊读书版,是件很愉悦的事情。

除了读书版,褚老师跟我谈了许多他的人生经历,他对后辈的坦诚和毫无保留,让我感动不已;而他身上十分纯粹的书生气,更令人钦佩。他说,自己在《文汇读书周报》时，有人问他："其他报社主编都有小汽车，你怎么不买一部啊？"褚老师说，他在《文汇读书周报》的16年，每天早上9点进报社，一直待到晚上10点以后才回家，要部汽车干什么呢？

退休之后，闲不住的褚钰泉老师是《书城》杂志的执行编委之一，接着又主编《悦读MOOK》，与退休之前一样，还在做与书有关的事。褚老师说，会给我寄一本《悦读MOOK》，并愿意听听年轻人的意见。

我的一位同事，曾与褚钰泉共事过一段时间。她说，那时褚钰泉是她的领导，她与褚钰泉办公桌面对面，褚钰泉爱书如命，每有一本书就放到后面的书架上。后来，他的书就像一面墙那么高。"我坐在他前面，总担心那面书墙会不会倒下来。"尽管书如此之多，当褚钰泉要找某本书时，总能一下子摸到书的大概位置，马上就能找到那一本，也许这就是作为书与读书人"中间人"的敏感吧。

简介

褚钰泉,《文汇读书周报》《悦读MOOK》主编、创始人。2016年1月9日,褚钰泉先生因心脏病去世,享年71岁。

（原载于2006年11月20日《深圳晚报》）

莫言：我是一条不愿被人网住的鱼

《说吧，莫言》的签售活动，是在深圳一个火烤般的下午进行的，莫言被热情的深圳人围了里三圈外三圈。书城的一位工作人员感叹，这样的火爆场面今年只见过两次，一次是郭敬明签售，一次就是莫言签售。

莫言连称"不是，不是"，自己并没有那么大的魅力，是深圳的天气太热了，来书城乘凉的人多了而已，站在他身旁的人一听全笑了。而就在前几天，一位记者问他:"如果《百家讲坛》邀请你做讲座,你会去吗?"莫言的回答是:"我长得太丑了,还是不去为好。"

这就是莫言,无论是新书《说吧,莫言》的文字,还是接受本报记者专访时,他都有一种自嘲、率直、冷静和幽默。

《说吧,莫言》是总结,不是终结

《说吧,莫言》是莫言今年年初开始,将自己开始创作生涯以来的国内外演讲,关于创作动机与方法的文章,与记者、学者的访谈对话,对故乡、童年与往事的回忆及对社会、对人生、对文学的随感,共约100多万字的文稿结集交海天出版社出版,全书共分三卷。

莫言本人不大愿意写文学理论文章,他认为"有些事情作家未必要想那么清楚,搞理论不是作家的特长,弄得太懂了甚至会影响作家形象化的思维"。在这部新书中,特别注明了每篇文章的发表时间,莫言希望读者以此为线索,窥见他的文学主张和理念。

一旦作家将自己之前发表的各种文章结集出版，就会招来这样的看法："是不是没什么可写，创作力衰退了？"见记者小心翼翼抛出问题，莫言笑了："单位每年都有总结呢，我也可以啊！这是总结，不是'终结'，回顾历史，是为了展望未来。不过，我在一百个场合说'我没有衰退'都无用，还是写出作品由你们来判断吧。"

"调侃，自嘲，不遮丑。"莫言用了这几个词对新书作了个自我评价。小说之外莫言的文字，绝不会像《檀香刑》般惨烈，也没有那么一本正经，而是个人心情的自然流露。莫言觉得，让对他感兴趣的读者更加了解他，是件令人愉快的事。不过，他半开玩笑地说："作家的自传要当小说看，作家的小说要当自传看。"

我对"80后"，"敬而远之"

记者请莫言谈谈对当今文坛的评价，他说，现在应该是中国文坛的最好时期，有相当大程度的创作自由。

比如当年《丰乳肥臀》出版时，上级还让他做了一次检讨，比起当今的性描写，莫言说他真是"自愧不如"。

当年《丰乳肥臀》受到批评时，上级让莫言做检查。起初，莫言认为没有什么好检查的，但如果他拒不检查，上级派来的同事们就得熬夜"帮助"他"转变思想"。这些同事都是莫言平时很好的朋友，其中还有一位即将生产的少妇。"我实在不忍心让这位孕妇陪着我熬夜，我甚至听到了她肚子里的孩子在发牢骚。我就说，同志们，把你们帮我写的检查拿过来吧，在那份罗列了他许多'罪状'的检查上签了名。"

对于一些"80后"作家，莫言说自己不敢给什么忠告，当然也没资格提什么希望。因为当年的他所处的正是如今这些"80后"作家所处的位置。"老的，为何老要干涉小的？我对'80后'可是充满敬意的，过去是年轻人尊重老年人，现在应该老年人尊敬年轻人了。而且还不能靠得太近，不然，年轻人该烦你了。"这就是莫言对"80后"所说的"敬而远之"。

我是一条不愿被人网住的鱼

莫言说,饥饿、孤独、童年、乡土、想象力是解读他作品的钥匙。记者注意到,无论是说话还是写文章,莫言都把饥饿摆在了第一位。"饥饿的岁月使我体验和洞察了人性的复杂和单纯,使我认识到了人性的最低标准,使我看透了人的本质的某些方面。许多年后,当我拿起笔来写作的时候,这些体验,就成了我的宝贵资源。"

海天出版社的旷昕社长告诉我,莫言是他见过的"最好说话"的作家,无论是吃饭还是住宿,他都不挑剔。记得几年前,他接待来深圳的莫言,吃饭时莫言见点的菜太多,连说"太浪费了",决心把菜吃光才行。饥饿感延续到今天,不仅影响了莫言的生活方式,而且也成了他的创作源泉。

提到自己的创作历程,莫言坦陈留下了很多败笔,比如在《红高粱家族》之后,他就进入了一个困惑期,当时因为怕别人说他跳不出一种风格,不愿意再走"红高粱"的老路，而往怪异、奇特的路上走，于是在1988年、1989年创作了《复仇记》等作品。"这部作品是很不成功的，当时我应该沿着'红高粱'的路继续往前走。"尽管如此，莫言仍说，他喜欢试验和尝试，失败的创新也比成功的守旧有价值。

莫言说："我是一条不愿意被人网住的鱼。许多评论家都在关注、研究我的创作，他们有的把我归为'寻根派'，有的把我划为'先锋派'，有的认为我是中国的'新感觉派'，有的认为我是中国的'魔幻现实主义'，有的认为我是中国的'意识流'，但我不停地变化，使他们的定义都变得以偏概全。当把所有高难度动作全尝试过了，我准备以最平实的语言、最传统的方式，老老实实地写一部长篇。"

现在的乡土，已不是过去的乡土

莫言案头正有三五个构思，但目前，他仍没确定开展哪一个创作。农村题材是莫言作品永恒的主题，莫言说:"高密东北乡是我的故乡,20 岁以前的时光我都是在农村度过的,即便是当兵后前十年的时间我也是在农村生活,所以农村题材都是我所熟悉的,农村的街道、村庄、树木、河流深深刺激了我的创作热情。每当有大的创作计划我都会回到我的故乡,在那里一方面我可以避免外界的干扰,潜心写作,另一方面也便于我直面现实、身临其境。"

但是,这些年,中国农村发生了翻天覆地的变化,记忆中的那个故乡在现实中已经人事全非。莫言说,现在的乡土,已经不是过去的乡土,原来的乡村正被城市吞没,即使再落笔写农村,其中也必然融合城市。他举例说,比如刚才在电梯中碰到的保安员,他们就存在一个身份认同问题:城市人认为他们是农村人,可当他们回到农村,又被认为是从外面回来的人,农村与城市已经无法清晰地分开。

简介

莫言,山东高密人。1955 年 2 月出生于一个人口众多的农民家庭，先后毕业于解放军艺术学院文学系和北京师范大学鲁迅文学院研究生班。1981年开始发表作品。著有《透明的红萝卜》《红高粱家族》《酒国》《丰乳肥臀》《檀香刑》《生死疲劳》等。2012年获得诺贝尔文学奖。

（原载于2007年7月21日《深圳晚报》）

止庵：父亲是一条远方流来的河

父亲沙鸥先生去世后，止庵写道："我一个人回想他的一生，我想那像是一条远方流来的河，从竹林与黄桷树荫蔽的地方，从石板桥与黄泥路，从炊烟、蝉鸣与阳光里，那么一个迷蒙的所在，流涌而来的一条大河。我就坐在河边，静静地倾听。我自己也是中年的人了，我拿自己已有的生涯与父亲的相对照，觉得他一生真是过得很长呵，虽然他只活了72岁。"

现在父亲有时出现在止庵的梦境中，譬如某个下午，明亮的阳光照进小小的屋子，隔着竹帘，父子俩说着很琐碎的家常事。他常做这样的梦，有时是和父亲一起吃饭，有时是和父亲一起看书，有时是和父亲走在一条很普通的街上。梦醒之际，止庵感到怅然若失。

沙鸥先生辞世已经 14 年，止庵说，时间把往事越推越远，让人渐渐趋于理性。只有梦才能再现过去的情景，逾越时间之界，让人回归最感性的内心深处。

父亲是"生而知之者"

不知情者，也许无法把止庵与诗人沙鸥先生联系在一起。沙鸥先生热情、冲动、才思敏捷，一个晚上可以写十几首诗；止庵理性，无论是写作还是接受记者采访，都表现出很强的逻辑感，不经过"分析""想清楚"的阶段，他不会轻易落笔。

"在性格上，我与父亲是两类人。"止庵说，印象中沙鸥先生只对自己写诗有用的书读得特别仔细，甚至还做卡片。"父亲是一个天分很高的人，他的创作很大程度是靠灵感，直至他去世的前一天，这种灵感仍然存在。父亲在医院里做化疗时，病房夜里关灯，他摸黑写下草稿，次日看见字都叠在字上。最后病危了还口述组诗《无限江山》让我记录，白天我不在，他就一遍遍背诵以免忘记，念的时候常常哽咽落下眼泪。"

沙鸥先生去世前，有友人探望，问他人生中最高兴的事是什么。他回答，自己的第一本书《农村的歌》出版。"父亲自始至终都对创作有着极大的热情。相比之下，我要疏懒散淡得多，只有在十几岁到二十几岁之间像他。读大学时，有一回和朋友出去玩，晚上回到宿舍想写诗，可是熄灯了，我就把想好的五首诗背下来，第二天一早写出寄给朋友。30岁之后，我就不再干这种事了。"

尽管都从事文学创作，但止庵说父亲近乎"生而知之"，自己则是"学而知之"。"我没有父亲天分那样高，我只能算是一个勤奋的人。"止庵说。

文学兴趣左右了我的人生

沙鸥先生一直对止庵抱有很大期望,希望他在文学上能有所成就。"文革"期间,他闲居无事,给子女们讲授文学。"父亲给哥哥、姐姐和我讲课是很正规、很系统的,一节接着一节,还要求我们记笔记。他甚至专门为我写了两部讲怎么写小说的书稿。"

冬天父亲在屋里讲课,夏天就把"课堂"搬到院里。"院子里有一棵大槐树,门前又搭个棚子种些扁豆丝瓜,我和哥哥、姐姐就拿着笔和本子,坐在豆棚瓜架下听父亲讲课。"父亲最后一次教授文学是在他去世那年,算来前后共历20多年。听沙鸥先生讲课的,不仅仅是他的儿女,还有他的朋友和学生。其中一位,就是著名剧作家,也是电影《太阳照常升起》的编剧过士行。

止庵做过两年医生,又去报社当过记者,后来在一家外企从事销售工作,最终仍然回到了文学。"父亲在文学上对我的影响很大,而对文学的兴趣左右了我的人生。"止庵是从学习和模仿父亲开始写作的,最早也是写诗。"我的诗差不多每一首都经过他逐字逐句的修改。改完,他还专门写信给我,讲解为何这样修改。"

一次偶然的机会,有个报社编辑约沙鸥先生写文章,父亲将约稿信转给了儿子。止庵由此开始随笔写作,迄今已成大家。止庵第一部随笔集《樗下随笔》编好后,他去外地出差,请父亲代看一遍书稿。回来时父亲告诉他,已经一行行地数过了,距离出版社要求的字数还差若干,应该再补写一点。"这样的事情也只有父亲会替我做。"然而书出版时,父亲已经去世了。止庵说:"我一生所受学校教育乏善可陈,相比之下家庭教育重要得多。"

父亲是个热爱生活的人

止庵写过这样的话:"父亲活着,他是一切都要'好'的……"沙鸥先生去世后,黑龙江作协举行追悼他的座谈会,很多人都讲到曾被他招待饭食,说真是美好的回忆。沙鸥先生会做菜,到了专门成家的程度;他也爱吃。病情恶化后几乎不能进食，在床头放着的是几本谭家菜、四川菜的菜谱，差不多是他最后的读物。止庵说："这是只有他才能体会到的乐趣。"

"文革"期间，没有任何娱乐活动，沙鸥先生用两副算术棋改成一副麻将，一家人常常以此消遣。怕被邻居发现，窗户都用床单挡上，桌上铺着毛毯，可以不出声响。牌很小，字更小，屋里只点一盏昏暗的8瓦管灯，他要每人在牌前放一条白纸，借助反光便可看清。

别看父亲对儿子期待很高，但沙鸥先生对止庵上学一事要求却很不严格。读中学时，止庵的作文都是父亲代写的。老师在作文本上用红笔又圈又点，批上"好"或"很好"的字样，末了还要给予满意的评语。父亲看了很高兴。可是老师所给的分数，却总是"5-"。后来止庵去问老师，老师说，"5-"是他给的最高分了。

1976年，为躲地震，止庵整整一个学期没上课，父亲带他从武汉过三峡到重庆。父子俩在一起写了很多诗。沙鸥先生逐一改定，抄好，订成三册，每一本都写了序言。

父亲在文学上对我的三个影响

"父亲对我的影响更多是文学方面,思想上的影响并不很大。记得20世纪80年代初,我和父亲为此还经常争论。"止庵坦承,上一两辈作家是有明显的局限性的,包括自己的父亲在内。"那个年代,人没有自己的想法,这是可以理解的,但是不能认同,也不能因此降低评价的标准。"

止庵说,父亲20世纪50年代写的诗、文章,有很多没有价值;但是他1958年出版的诗集《故乡》和1963年出版的《初雪》,从写作的时期来看,该算是异端了。这两本书展现了这样一位诗人,尽管有着时代深深的烙印,但仍然恪守一条艺术的底线,也就是说始终不放弃对美的追求,不忽视诗与非诗的区别。止庵看来,这是最重要的。沙鸥先生一生最后十年才写出了他最好的作品,组诗《寻人记》和长诗《一个花荫中的女人》,堪称中国新诗史上的杰作。

止庵说，父亲特别喜欢古代的诗话、词话，他读诗、讲诗，也是这种具体分析的路数，止庵正是由此悟得文学批评的一条路径。父亲教过他写小说、写诗，却从未教过他写文章，父亲的文章的布局和行文与他也不特别合拍，但是这一点的确是效法父亲的，父亲教给他一种细微体会的读书方法，无论以此读诗，还是读别的东西，都很适用。

沙鸥先生写诗很快，但总要反复修改，这用他自己的话来说，就是"随意写诗，刻意改诗"。他留下几个写诗的本子，上面用不同颜色的笔写满了修改字样，有时一首诗经过多次修改，最初写的剩不下一句半句了。这是父亲在艺术上特别认真之处。止庵正是由此明白反复修改的意义。对他来说，有相当一部分语感是靠修改得来的，放弃修改也就是放弃语感。古人说"吟安一个字，捻断数茎须"，何以要谈到"安"呢？实际上就是获得了语感的最佳状态。父亲对他最大的影响，即在这三方面，即对艺术底线的恪守、细微体会的读书方法和反复修改的创作习惯，止庵说："我因此而终身受益。"

简介

沙鸥（1922—1994），诗人。原名王世达，重庆市人。著有《农村的歌》《故乡》《初雪》《梅》《失恋者》《一个花荫中的女人》《寻人记》等。

止庵，学者、作家。沙鸥之子，原名王进文，又名方晴，1959年生于北京。著有《樗下读庄》《老子演义》《神奇的现实》《插花地册子》《相忘书》《远书》《惜别》等，编辑校订《周作人自编文集》《苦雨斋译丛》《沙鸥诗选》《沙鸥谈诗》等。

（原载于2008年7月14日《深圳晚报》）

程永新：《收获》三代领头人的精神气息

自从大学毕业，程永新便没离开过文学编辑这个岗位，在《收获》杂志一待便是近30年。如今，身为《收获》副主编的他对记者笑称："冯小刚曾经写过一本书叫《我把青春献给你》，我是把大部分的青春献给了一本杂志。"

当记者请程永新谈谈《收获》五十多年的风雨历程

时，他是从《收获》三代领头人的角度来切入的。"西方人说一个贵族是需要三代才能培养出来的，我想，一本文学杂志的精神标高，其实也是好几代人的传承和努力。从某种角度而言，一本杂志呈现的就是它的领头人的精神气息。"

巴老在，我们总觉得很踏实

1957年7月24日，《收获》创刊，主编由巴金和靳以担任。其间，《收获》经历了复杂的历史——1960年，因"三年困难时期"、纸张供应紧张，《收获》被迫停刊；1964年，《收获》复刊；1966年"文革"开始，《收获》再次停刊；1979年1月，《收获》又正式复刊。

程永新说，在《收获》的几代领头人中，大家都比较熟悉的是巴老。一直到他去世为止，巴老始终是这一本杂志的灵魂。"我大学毕业进入这个杂志社的时候，他已经不管杂志社具体工作。到了晚年，他把一些兼职全部辞掉，但是《收获》的主编他始终兼着，虽然不管具体的业务，但重大的问题他都会发表意见。"

每年秋天，收获杂志社的编辑们都会去订蛋糕、买鲜花，给巴老过生日，程永新第一次见到巴老便是在这样的聚会上。"一个像传说中的人物突然出现在你的面前，你真是诚惶诚恐。那时，巴老已经70多岁，有一个作家曾说老人跟儿童其实差不多，我们给巴老过生日时，他话语很少、很单纯。你问他这位你认识吧，他点点头。那位新来的，你认识吧？他说不认识，明年就认识了。他是个非常简单、非常朴实的老人。"

巴老的巨大人格魅力和精神力量，是程永新以后经历了许多事情，才一点点感悟和体味到的。当初，作家张贤亮写了《男人的一半是女人》，发表在《收获》上。虽然今天来看，这样的小说没有什么，但在当时，那是一个非常大的突破，还没有一个作家来直接地表达"性"这个主题。

《男人的一半是女人》发表之后，北京的一批女作家私下里提出了批评的声音，渐渐，压力传递到《收获》

编辑部，各种各样的声音传了过来。冰心老人也打了电话给巴老，她说你应该管管这本杂志了。巴老很认真地读了这篇小说，读完以后他有一个比较简短的讲话，说这是一部严肃的小说，并不是为了迎合市场化的需要，最后的一笔写得有一点"黄"，这个"黄"是打引号的，但是写得确实好。

当时巴老这么一说，大家心中的一块石头就落地了。"在当时那个年代、那样一种气氛下，巴老讲这一段话是非常了不起的。因为他肯定了一个文学作品当中的艺术创造，肯定了作家对人性的挖掘，肯定了作家创作的自由和权利。"

当《收获》出现严重危机、重大的问题时，巴老都会用很简单的、很朴素的语言来表达他的意见。20世纪80年代末到90年代，《收获》也开始面临生存问题，有一年甚至困难到没有办法支付上涨得厉害的纸张费和印刷费。这个时候也有人提出，刊登一些广告来弥补经费不够的地方，但是巴老始终不同意。甚至大家说可以做一点文具、汽车等看上去还比较顺眼的广告，他都坚决不同意。

"在这件事情上面我觉得老头儿非常的固执，一直到他离开我们，这件事情上面他从来不松口。虽然我们也未必说真希望去做广告，大家只不过是提出一个想法。但是这个想法在巴金那里永远没有可能性，他就是坚持一个：办一本纯粹的文学刊物。"

程永新说，改革开放三十年来，《收获》跟国家的命运是同步的。人的思想观念，从一个非此即彼的简单思维方式，一点一点地走到了今天，主要是受到了文学的影响。一本杂志，既要坚守文学的阵地，又要经受一个市场化的检验，这么多年，会经历许许多多的事情。只要有巴老在，就会让大家觉得很踏实。

肖岱先生，老一代知识分子的骨气

程永新说，他大学毕业后走进收获杂志社时，巴老是主编，肖岱先生是副主编，但主持工作的是肖岱先生。肖岱先生是满头白发、大腹便便那样一个老头儿，他觉得这个社会在发生剧烈的变化，所以非常渴望跟年轻人交流，渴望跟知识结构不同的人对话，认为这种交流可以打开他的思路。

20世纪80年代，贾平凹写了长篇小说《浮躁》，在《收获》发表之后，遭到了很多批评的声音。当时上海的一个领导，点名批评了《浮躁》，这是比较严重的一件事情。

回来传达之后，《收获》编辑部开会，大家都很紧张。当时，肖岱先生心情非常沉重，却毅然表了态："万一有什么问题，由我来承担，跟你们没关系。"肖岱先生在关键时刻，语言仍然朴实、简单，但是他一下子让下面的人很放心。在这样的领头人下面工作你是可以放心的。老一代知识分子身上的骨气，尽显无遗。

还有一次，肖岱也很"危险"。当时有一位退休干部，写了一部表现红军题材的长篇小说，通过关系，拿到了收获杂志社，希望刊发。肖岱先生和其他编辑都看了，但在艺术层面上不敢苟同、不敢恭维。

当时那个人非常霸道，为了这件事专门给肖岱打了一次电话，程永新印象非常深刻。"那一天我看到老头儿驼着背，接电话的时候非常地谦卑，就是不停地听他说'是、是'。对方的声音在电话里很响，你都听得见在骂娘，肖岱都是一百个'是'。挂下电话，老头笑嘻嘻地说，骂管骂，稿子我们还是不能用。"

肖岱先生看上去态度非常谦卑，但有他的底线。他抱着一种态度，顶多你用你的人脉关系把我撤了，可小说不能发表。程永新说："肖岱先生是老一代的知识分子，他身上有一种骨气、有一种人格的力量，他深深地刺激了我，或者说打动了我。他身上这种东西，其实在今天，更需要我们传承、坚持和发扬。"

李小林，有让作家没有办法反驳她的本事

肖岱先生退了之后，《收获》由巴金的女儿李小林女士担任主编。程永新说，李小林是文化素养、艺术直觉极高的一代编辑。"我刚到杂志社的时候，里面的空气、气氛有一点沉闷，有点像研究室。但是，每

次李小林来办公室,会给大家带来很多各种新鲜信息。她思想活跃,嗓门又特别嘹亮,整个杂志社就像开了锅,特别热闹。"

程永新说,有一些文学批评家理论素养足够深、足够高,但是艺术直觉相对弱一点,因此跟作家聊天的时候,作家常常会有抵触情绪,因为是隔靴搔痒。李小林有这样一个本事,她跟作家谈作品时,她说你的好,你会觉得很到位;她讲你的不好,你没有办法反驳她。

让程永新印象很深的是,一次山西作家张石山写了一篇小说《一百单八磴》,给了很多杂志社都遭到了退稿。后来寄给了程永新,他看完后觉得叙事有些啰唆,但整体挺不错,就给了李小林。李小林提了三条修改意见,程永新便把这些意见记录下来,给张石山写了一封信。最终,《收获》发表了张石山修改后的小说。

后来,程永新在一次笔会中与张石山见面。休息时,张石山突然回头问他:"那些意见都是你的吗?"程永新告诉他,那些意见都是李小林的。张石山"哦"的一声,笑了一笑。"对于一个作家来说,有人给他指出一个致命的弱点，他会很佩服你。优秀的编辑跟作家是这么一种关系，他好在哪里你要用心灵去感受；他差在哪里，你要像个医生一样，用你的手术刀给他解剖。"

《文化苦旅》的诞生，与李小林有直接关系。当时，余秋雨先生跑了很多地方，他告诉李小林，自己有一个"文化苦旅"的词老在大脑中萦绕。李小林建议余秋雨，把它变成文字，每到一个地方，就记录下那种感受、那种对文化的思考。几年后，余秋雨把最初写成的两篇散文拿给了李小林，李小林和程永新看完之后，觉得还是存在着一些问题，向余秋雨谈了他们的想法和建议。

余秋雨回去修改之后，开始陆续在《收获》上发表散文。"我们希望余秋雨把它作为一个栏目，坚持写下去，题目就叫'文化苦旅'。从此，就像逼债一样，每次都逼他写。李小林一到时间就给余秋雨打电话，她是一个大嗓门，余秋雨一接到李小林的电话就心跳加快。"就是在李小林一次次电话的催逼下，影响了一个时代的优秀散文家诞生了,余秋雨通过《文化苦旅》从学者变成一个散文作家,也给自己的人生带来了翻天覆地的变化。

程永新说,一本杂志,它其实就是领头人的一种品格、一种气质、一种气息的体现。从这一点而言,《收获》这 50 多年来极其幸运。

简介

程永新,笔名里程,1983 年复旦大学毕业分配至收获杂志社任编辑、副主编,中国当代著名编辑家和作家。

(原载于 2009 年 5 月 18 日《深圳晚报》)

董启章：这精神居所是意义的生产地

董启章这个名字得以被内地读者熟悉，与梁文道有直接的关系。

梁文道曾如此评价董启章："当代华人世界中生代作家里，最有实力、思想内涵最博大、在文学创作形式上野心最强的作家之一。""然而其人依旧清贫，一个人背负着香港居大不易的诅咒坐起了文学的牢，最窘迫的时候身上就只剩下一百块钱。"

董启章1967年生于香港，1992年从事写作。即使在香港，董启章也不是人人熟知的作家。甘于寂寞和物质匮乏的董启章，在纯文学日益衰弱的香港，不媚俗，不从众，始终坚守自己的纯文学路线。

从1992年起，董启章先后斩获包括"联合文学小说新人奖""《亚洲周刊》中文十大好书"及"红楼梦奖评审团奖"等殊荣。董启章的书总是充满了理性的科学或自然学标签，探索的却是社会与城市、自我与精神等问题。

最近，董启章的《体育时期》和《天工开物·栩栩如真》在内地出版，越来越多的内地拥趸增加了董启章这个名字的热度。2010年5月16日下午3点，深圳文博会上，董启章来到会展中心7号馆召开读者见面会，谈他的写作，谈他的书。

关于写作

想要构造一个"不一样的香港"。

问：您似乎很少提及如何开始"写作"的，能否为内地读者介绍一下？

答：我1992年初次在《星岛日报》的副刊"文艺气象"上发表短篇小说，当时我还在念比较文学硕士。"文艺气象"是个每天全版的文学副刊，在当时以至后来也是绝无仅有的事情，办了一年左右便结束。这期间我每个月发表一篇万多字的小说，是个很好的练习机会。

1994年硕士毕业，对继续念书还是找工作犹豫不决，便埋头写小说，参加台湾的联合报文学奖评选，结果《安卓珍尼》得到中篇首奖，《少年神农》得到短篇推荐奖。次年《双身》又得到联合报文学奖长篇小说特别奖。在台湾获奖对我是个很大的鼓励，也带来了在台湾出书的机会。

问：您的写作主要受到哪些影响？

答：生活体验（包括记忆）和阅读其实是互相建构的。文学不但会影响我们的生活，它甚至会为我们构造一些世界模式。这些模式帮助我们建立和调整跟世界的关系，而我们在这种关系下的生活体验和记忆，又反过来成为我们如何继续阅读的框架。所谓喜欢的作家，就是这样的一些世界模式吧。我的世界模式，由许多作家构成，如果要提一些名字，可以说：普鲁斯特、卡尔维诺、大江健三郎、佩索阿、哥德、阿伦特，香港本土作家有西西和也斯。

问：您似乎说过，不认为自己是本土写作，可是内地读者首先想到的却是您的香港本土身份。"本土"之于您的意义是什么？

答：我期望我的写作既有本土性又有世界性。我一直在写香港题材，而我的香港本土身份也是很自然的。但我也不想它太自然、太自动地跟大家对香港的想象重叠。所以我企图用种种不是很"香港"的角度和方法去写香港，去构造一个"不自然的"、不一样的香港。这超出香港本土性的东西，我希望是具有世界性或普遍性的。对我来说，"本土"不是一个绝对的位置，但又是个无法抛弃的立足点。"本土"不是天然的、本质的，而是建基于人处身于一个地方的历史经验的。

它必须具备时间的向度。

问：您在一些访谈中说过，香港对文学是有诅咒的，写长篇是一种"自杀式"的状态，明知如此，又为何坚持？

答：香港的状况不利于写长篇小说，而长篇写出来也很可能不会得到什么注意。耗费人生去做这样的可能没有回响的事，是所谓"自杀式"的意思。

但我觉得，写作或者文学，并不是为了具体的目的或回报去做的。对于一个写作的人来说，他写，就是因为心里觉得非写不可。这可能是出于创造的本能，又或者是寻找意义的必需。文学能做的，就只是创造一个跟现实相对的世界。但这些相对的世界并不脱离现实，相反它们参与着现实世界的建造。我深信作为人为创造物之一种，文学能为人建造精神居所。这精神居所就是意义的生产地和庇护所。

关于作品

希望内地读者能进入我的小说世界。

问:《体育时期》和《天工开物·栩栩如真》已在内地出版,读者如何更能理解您的用意?

答:《体育时期》写的是两个年轻女孩的故事,通过她们去呈现处于"门槛状态"下的青年后期的处境。它不是歌颂或怀缅青春的小说。我想探讨在当代城市的压抑和平庸化底下,人如何找到反抗的可能以及两个人在反抗中找到共同感的可能。

《天工开物·栩栩如真》有两条线索,一条是时间线,追随的是历史(家族和个人)的轨迹,一条是空间线,以器物所建筑的人类生存条件和共同世界所组成。从"天工"到"开物",就是从自然到人为世界的进程。

问:是否担心,因为您走的是不媚俗的严肃文学路线,加上香港与内地的差异,内地读者存在一定的阅读障碍?

答：不会。我当然希望内地读者能进入我的小说世界，但我不能因此而改变我的世界。文化差异是要通过开放的态度来克服的。我没法单方面改变这差异。事实上，差异是好事。差异让我们扩阔自己的理解幅度。我是带着这样的期望来邀请内地读者进入我的世界的。障碍可以防止理所当然的、自动化的阅读。我甚至认为，文学创造本身就是为了制造差异，制造障碍。在跨越差异和障碍之后，得到的会是更强烈的共同感。至少，这是我自己的阅读体验。

问：越来越多作家"取悦"读者，您一直坚持自己的"极端"路线。难道您一点都不怕这种坚守和搏击的失败？毕竟作家也希望得到更多读者的认同。

答：不怕。只要能写小说，只要小说能出版，我就完成我要做的事。其他的，在我的能力范围以外。

关于香港与文学

心中的香港文学同时是世界文学。

问：香港文学创作者的苦恼，是您多次提及过的话题。文学在香港不受直视的现状，让您的好友梁文道也曾为您鸣不平。不知，现在是否有所改变？

答：我最近常常被内地记者问到这个问题，也许这是我平淡的生活中比较戏剧化的情节吧。话分两头说。我的确常常遇到这样的情境，到最近也一样。但这并不表示我生活很穷困。我太太是在大学里教书的，我的家庭经济稳定，生活条件不差，我也可以比较专注于写作。不过，心理上也不是没有焦虑和歉疚的。重点是，你觉得写作有多重要，而你身边的人对此是否认同。这方面，我是个非常幸运的人。

问：能否介绍一下您现在的生活状态、写作状态？

答：去年年底完成了"自然史三部曲"的第三部上册，这半年在看书，整理一些旧作重新出版。预计暑期过后会回到小说写作上，以两年时间完成下册。这个"自然史三部曲"，第一部是《天工开物·栩栩如真》，第二部是《时间繁史·哑瓷之光》，第三部是《物种源始·贝贝重生》。刚完成的第三部上册又名为《学习年代》，是关于学习和行动的，接下去的下册会以一个剧场和一个旧区为背景，时间设定在十几年后的香港。我期望它会是我写过的多个主题的总结。

问：进入新世纪，越来越多的香港作家开始与内地读者接触，作品也在内地出版，您如何看待这种现象？

答：这当然是好事。这是个让内地读者认识香港文学和香港作家的好时机。香港读者一直也有阅读内地作家的作品，相反却不然。两地的文学和文化交流应该更全面和更深入。

问：香港作家，如何才能够突破地域限制，在华语世界获得更多的认同？

答：这些外部条件的局限，不是作家自己能改变的，必须有赖于机构的推动，如出版界、媒体、学院等。但如果是指作品的特质的话，我会把它称为本土性，而不是地域性，因为地域性令人觉得是狭小的、偏于一隅的。我上面已经说过本土性和世界性的关系。这就等于个人的独特性和由众人所组成的世界的公共性的关系吧。两者是可以甚或是应该相生相成的。我心目中的香港文学应该同时是世界文学。

简介

董启章,1967年生于香港,香港大学比较文学系硕士。1992年开始发表文章,现从事写作,亦于香港中文大学从事写作教学。

(原载于2010年5月15日《深圳晚报》)

周克希：我尽可能做一块透明的玻璃

近日，由著名翻译家周克希先生积4年心力翻译而成的《追寻逝去的时光》第二卷《在少女花影下》正式出版。这一力求完美的译本，是周克希先生追求"最真"之作。书中收录逸失半个世纪之久、野兽派大师凡·东恩珍贵原版插图，斑斓呈现逝去的时光。

《追寻逝去的时光》诞生在20世纪初叶，大半个世纪中在中国一直没有一个完整的译本。直到20世纪

80年代，中国才有了译林出版社集15位译者之力的全译本《追忆似水年华》，周克希就是当年的合译者之一。

2003年开始，周克希决定以一己之力重译《追忆似水年华》，并"尊重普鲁斯特的想法"，更用新译名为《追寻逝去的时光》。该书第一卷《去斯万家那边》已由上海译文出版社在2004年出版。如今，第二卷《在少女花影下》又翻译而成。7年，仅译成两卷，这种翻译速度不可不称之为"慢"，周克希似乎想用时间打磨出一个理想的中译本。

2010年9月，本报记者专访周克希，听他讲翻译过程背后的故事。

普鲁斯特是一个非常较真的人

20世纪80年代末至90年代初，译林出版社15人合译的全译本《追忆似水年华》出齐后即在我国引起轰动，当年获得首届外国文学奖优秀作品一等奖。但当年的译者之一南京大学教授许钧后来曾撰文说："应当承认，15位译者的译文与原文相比，都有不少'失'。"

问：您也是当年的合译者之一，不知是否也觉得，之前的这部全译本存在一些缺憾？

答：每个人的翻译都会有所"失"，这是难免的。我重译，是因为觉得一部小说由15个人（包括我在内）合译是个遗憾，15个人不止是一个group（小组），简直是一支troop（部队）了。而重译者好比站在这支troop、这个集体的肩上，前人的努力为他预设了一个高度。

问：想必，重译是相当辛苦的一件事，为何会选择以一己之力重译呢？

答：我是学数学出身，有33年的时间，也就是相当于一半的时间在学数学、教数学。我是下了很大的决心改行的，所以特别想做好翻译这件事。人一辈子总想找一件值得做的事情，翻译《追寻逝去的时光》就是值得我用后半生去投入的事。这就是我当时的想法，现在回过头去看，那些说法是真诚的，但余地留得太少，对普鲁斯特译事的艰难估计不足，对自己体力、精力的实际状况也估计不足。为此,我对读者是感到有歉意的。

问:《追忆似水年华》,这个浪漫的书名曾深入一代读者心中。为何此次重译,要将书名译作《追寻逝去的时光》?

答:其实,普鲁斯特是一个非常较真的人。他于1922年11月去世,也就是在这一年的上半年,他看到英译本书名 *Remembrance of Things Past*。这是一个非常漂亮的书名,大写首字母与法文书名正好吻合,而且还出自莎士比亚作品中的一句台词。这个英译本书名直译过来是《往事的回忆》,与《追忆逝水年华》的味道非常之像。

但普鲁斯特看到后,立刻给伽利玛(法国著名的伽利玛出版社的老板)写信,很决绝地表示这样翻译"把整个书名全毁了"。我愿意尊重普鲁斯特,不想再毁他一次。(新版的英译本改用了一个相当朴实的书名:*In Search of Lost Time*,译出来就是《寻找失去的时间》)

这部书的第七卷叫《寻回的时光》,《追寻逝去的时光》的总书名与第七卷的书名间有明显的呼应关系。

其实，人的生活中大部分时间都是无意义的。像《红楼梦》，写了很多家长里短的琐事，但在曹雪芹的笔下，它们却被赋予了永恒的意义。《追寻逝去的时光》在普鲁斯特笔下也是如此。"年华"给人的印象是"美好的时光"，这不符合普鲁斯特的原意。何况，普鲁斯特推崇柏格森的哲学，而时间是柏格森哲学中非常重要的概念，它在普鲁斯特的小说中同样是一个重要的概念——全书的第一句和最后一句中，都出现了时间的概念，正说明了这一点。

问：您翻译的速度并不快，7年，仅译成两卷，您是不是想用时间打磨出一个理想的普鲁斯特中译本，让我们更加接近他？

答：是的。

问：我们都知道普鲁斯特"著名"的长句，在翻译过程中，您是否因此遇到麻烦，我们如何才能体会普鲁斯特"长句"的美感？

答：有些人认为普鲁斯特的文本十分冗长，"冗长"是贬义词，有啰唆的意思。我认为普鲁斯特的长句是

"长"而不是"冗长",他的长句是必要的、精彩的,也是能够被读者慢慢习惯的。普鲁斯特在《追寻逝去的时光》第二卷中讲过"好的作品能够创造读者",就像贝多芬晚年所作的弦乐四重奏,历时50年才"创造"了他的听众。普鲁斯特的长句,也会创造他的读者。

翻译难免会打"折扣",我能做的是尽量让折扣打得少一点。尽量避免翻译腔,体现普鲁斯特长句"长而缠绵""长而丰赡"的意味,把其中闪光的东西展示给读者。

问:本次重译,你遇到的最大困难是什么?能否给我们描述一下您翻译时的状态?

答:普鲁斯特的长句,对译者来说当然是一种挑战。法国研究者曾经以第一卷、第二卷文本为例统计,超过10行的长句占了23%。思想之深刻,结构之绵密,都要求译者全身心地投入,沉潜把玩,细细琢磨,才能逐渐接近作者、贴近作者。假如我一天花在翻译普鲁斯特上的时间有4个小时,那么其中2个小时就是用来琢磨的。

当然变成中文有时也是个痛苦的过程。我往往先不在电脑上工作,而是把想到的句子尽快写在纸上,然后反复打磨,力求让译文更贴近原文,更好地表现出长句的节奏和韵律。涂涂改改,经常把一张纸涂成个"大花脸",最后才录入电脑,这时又是一次修改的过程。

翻译时的状态,或许也包括个人生存的状态吧。生活在社会中,心情自然会有起伏,也难免会有情绪很低落的时候。第一卷出版期满后,没有出版机构再找我,有一段时间是空白的。

普鲁斯特会创造他的读者

有人说,阅读普鲁斯特,是一种"踩着耀眼的碎片,在他的文本中感受深度晕眩"的感觉。普鲁斯特,一直是座象征阅读难度的"高台"。

问:普鲁斯特,一直是座象征阅读难度的"高台"。他在中国似乎有这种遭遇——所有人都知道他的《追寻逝去的时光》好,但却没有几个人真正耐心读完过。

您如何看待这种现象？这次重译，能够帮大家逾越阅读障碍吗？

答：这是很正常的现象，在法国，其实也是如此，特别喜欢普鲁斯特的人有，但并不多，完全不看的人不多（因为中学教材里有《追寻》的选段），但也有。举一个例子，我在巴黎买火车票去普鲁斯特的家乡伊利耶，卖火车票的人问我："伊利耶是哪儿？"我说："是普鲁斯特的家乡。"那人又问："普鲁斯特是谁？"我当时很吃了一惊。

能不能帮助读者逾越阅读障碍？我尽力而为吧。

问：能否给我们讲讲，您对普鲁斯特其人其作的理解。和普鲁斯特"相伴"这么多年，对他的认识是否有变化？对您自己的生活是否有影响？

答：我对普鲁斯特始终有一种"高山仰止，景行行止"的感觉。一开始，总觉得自己是仰视他。但在漫长的翻译过程中，我渐渐感觉到，不妨两种态度兼而有之，既仰视他，也平视他，就像对待一位你很尊敬的朋友那样。

在翻译《追寻逝去的时光》第二卷时，我同时也应出版社之约，在整理自己的一套译文集，另外还写了一些翻译之外的东西，例如为英、法文版的"文化中国"丛书写了一本《中国书法》等。这些也都是我生活中的内容。但不论什么时候，普鲁斯特一直是我心中的"挂碍"——我在翻译他作品的时候也好，不翻译的时候也好。

问：您心目中的《追寻逝去的时光》的读者是什么样的？

答：我在一本小书《译边草》中写过："我给自己悬定的翻译标准是：一、（肯正襟危坐的）读者能顺利地往下读，二、（有文学趣味的）读者能从中读出它的好来。"但其实说到底，只要愿意看就行，翻到哪一页就看哪一页就行。普鲁斯特说过作品"能够创造读者"，说不定，翻译作品也可以"创造"读者。

译者应该像一块玻璃一样

1992年之前，周克希是华东师范大学数学系教授，只因对文学翻译的热爱，他才下定决心到上海译文出版社当编辑，并开始了对普鲁斯特的追寻。

问：您大学时读的是数学系，1988年，您应译林出版社之约参与合译《追忆似水年华》第五卷时，曾有人质疑：一个学数学的，能做好翻译工作吗？您觉得理科的学习背景，对于您后来从事翻译，有何影响？文学翻译，对您的人生意味着什么？

答：翻译意味着让我有了第二次人生。我想，学过理科的人，在思维的严谨和逻辑性上有过一些训练，这对把握普鲁斯特的长句说不定有一点好处。普鲁斯特本身就是一个思维很严谨的人。

我曾参加过一个关于普鲁斯特的座谈会，主持人向从法国而来的研究专家介绍我时，说"这是位数学家"。那位普鲁斯特研究专家沉吟片刻，然后说："普鲁斯特有数学家的气质。"这句话在我后来的翻译过程中，时常在脑中浮起,普鲁斯特确实让我感受到了这一点。

问:可否评价一下现在文学界的翻译水平?有人说,如今的翻译界与二三十年前相比,已无法相提并论,认真的译者越来越少了,甚至出现许多粗制滥造的翻译作品,您如何看待这种现象?

答:翻译总是有好有坏的。出现粗制滥造译作的原因有很多,其中一个重要原因就是译得太快了。译得太快也有多种原因,其中一个原因就是译者需要靠稿费养家糊口,这是很无奈的。

问:您认为,翻译的最高境界应该是怎样的?

答:我服膺傅雷先生的主张:"理想的译文仿佛是原作者的中文写作。"译者千万不能显摆,要贴近作者,用心去感受作品。译者应该像一块玻璃一样,让读者忘掉译者,这当然是很难的。我能做的就是,尽可能去做一块透明的玻璃,让杂质少一些。

简介

周克希,著名法语文学翻译家,上海译文出版社编审。代表性译作有福楼拜的《包法利夫人》、大仲马的《基督山伯爵》《三剑客》及普鲁斯特系列长篇小说《追寻逝去的时光》第一部、第二部等。

(原载于2010年9月5日《深圳晚报》)

靳飞：纪念不纪念他都是曹禺

追忆曹禺先生，学者靳飞先是给记者讲了好几个故事。

这也难怪，才40多岁的靳飞，最让人觉得有意思的事，就是他和他的朋友们。靳飞生于北京，长于北京，他的朋友萧乾、吴祖光等，都几乎比他年长半个世纪。他所热爱的前辈和典籍，将他生命之前的"记忆"无限延伸。当代大儒张中行先生、季羡林先生、吴祖光先生等对他都有过指路之恩。他天马行空、任我独行

的才子做派,让本报记者在这次对他的采访中,也领略了一番。

"曹禺来了——"

在20世纪80年代中期,靳飞与曹禺先生经常能见面。那时,曹禺先生是北京人民艺术剧院的院长。

靳飞是北京人民艺术剧院的拥趸,每星期都会去两三次首都剧场,有演出的时候就看演出,没有演出的时候就找演员聊天。靳飞还喜欢看传统戏剧,常到各大戏院看京剧。总而言之,靳飞那个时候几乎每个晚上都泡在各类剧场。

"那时,我在京剧剧场里见到曹禺先生的次数,比在首都剧场见到他的次数还要多。曹禺先生晚年看京剧的次数超过了看话剧。估计一方面是他自己的兴趣,另一方面也有陪伴夫人的意思。"靳飞说,"曹禺先生甚至还会去票房(票友集会之所)。当时讲现代文学作家的排序有句顺口溜'鲁郭茅,巴老曹'。大家想一想，在那种基本没有演出条件的地方，一群老头、老太太在那儿唱戏，下面坐着一个那么'大'的曹禺，这在当时是多么让人震动的事啊！仅仅一句话'曹禺来了'，大家就够兴奋的了！"

靳飞因与戏班子稔熟，因此也得机缘与曹禺先生夫妇交往。当年还不到20岁的他，对曹禺先生的感觉只能用"高山仰止"这个词语来形容，自己甚至都不知道称呼曹禺先生什么好。"一开始，我叫他'曹老'，后来京剧界的老先生告诉我，要叫他'万先生'。"

他是个很奇怪的人

1988年，剧作家马彦祥去世，大家在民族文化宫办了一个追思会，参加的人有王蒙、曹禺、杜近芳等人。当中，属曹禺先生的辈分最大，于是他第一个发言。曹禺先生在主席台上讲了20多分钟的话，竟然没说出一句整话来。"我和马公彦祥有50多年的交情，我们当年那个那个那个……""我们一起在小馆子吃东西，那个那个那个……"曹禺先生说出了无数个"那个"。这让靳飞很惊讶，这么"大"的曹禺先生，怎么说不出一句整话来了。

追思会结束时，外面下雨，靳飞搭曹禺先生的车一起回家。上车后，靳飞忍不住问："万先生，你怎么老成这样了？我都不知道你说什么呢。"曹禺先生"看"了靳飞一眼，随手拿了一张纸来，掏出笔写了一句话："大道本无我，青春长与君。赠靳飞同志，曹禺。"这让靳飞就更加不明白了，曹禺先生思维敏捷如此，怎么刚才就说不出一句整话呢？靳飞突然觉得，万先生是个很奇怪的人。

奇怪的事情后来还有。20世纪90年代初，有一年中国文联在北京农展馆开文代会，出了一件事。半夜里，曹禺先生与妻子李玉茹通电话时突然倒地不起，李玉茹当时身在上海，一下子急了，赶紧打电话到会务组请求援救。后来工作人员将曹禺先生送到医院抢救，结果发现曹禺先生在与妻子打电话之前吃了安眠药，打着打着就睡着了，弄得大家虚惊一场。

年轻时候的种种荒诞

靳飞的好朋友吴祖光,后来也时常与靳飞聊曹禺年轻时候的种种荒诞。抗战时期在重庆,曹禺与吴祖光曾在同一个学校教书。有一天,曹禺进了学校大门就面如土色。吴祖光问:"家宝,你不舒服啊?""我胃病犯了,肩膀一跳一跳的。"曹禺答。

"胃不舒服,怎么肩膀一跳一跳的?离得也太远了吧。"吴祖光正纳闷时,突然听曹禺大叫一声:"不好,祖光!"此时,从曹禺的外套里窜出一只大耗子来。原来,当时重庆鼠多,一只老鼠趁夜钻进了曹禺的外套。曹禺早上起来,就是一路背着一只大耗子来学校的。

还有一个故事。曹禺不爱洗澡,曹禺的第二位夫人方瑞爱干净,每天逼着他洗澡。每天卫生间水声响起,她就走开了。有一天,曹禺在卫生间很长时间都没有出来。方瑞走进去一看,发现曹禺衣服没脱,手泡在浴缸里,竟然睡着了。原来每天的水声,都是曹禺用手拨拉出来的。

突破名字来认识曹禺

"我说这些故事,就是想说,曹禺是一个非常有趣的人。我们原本认识的曹禺先生是一个名字,是一个概念,我们要突破这个名字。"靳飞连续讲了多个关于曹禺先生的故事之后,才说出了他想要说的话。"人们都说,曹禺晚年文思枯竭了,太听话了,写不出来了。连曹禺先生都认同这个说法,他一直努力想写,却一直写不出来。但是,这种认识也是一个概念。"

靳飞认为,在纪念曹禺先生百年诞辰的时候,我们要想想,是不是把曹禺看小了?他年轻时候的创作,《雷雨》《日出》《原野》《北京人》相当了不起,曹禺代表了以话剧为代表的中国现代戏剧的最高峰。反过来,我们在读他的作品时,若干年来,解读一直有问题,没有超过他所处时代的局限性来认识他的作品。

比如《雷雨》,曹禺自己讲过,他最心爱的人物是繁漪。为什么呢？单讲繁漪这个人物，就大有文章可做。繁漪是一个复杂、有性经验的女人，四凤是一个没有性经验的女人，四凤妈则是一个有一次性经验并因此导致错误人生的女人。与之相对应的是三个男人——周萍、周冲、周朴园。女人有女人的不安，男人有男人的躁动，这种东西，究竟是动物性多一些，还是伦理性多一些？人其实就是这点事，没有答案。但正因为没有答案，才会对人有吸引力。

学贯中西的曹禺立足中国现代与古代中间，尝试用西方现代的心理学、哲学来考虑同样发生在中国人身上的问题。我们看到的曹禺的作品，都闪烁着这样的光芒。

千万别"强暴"经典

靳飞说，我们现在应该把曹禺先生当成一个活生生的人来看，读他的作品，不要把他当成老人，当成死去的人。曹禺先生的作品，不能完全看成现实主义的作品，没法贴标签，浪漫主义也好，现实主义也罢，全都是外来的，都存在对号入座的问题。曹禺先生是中国现代戏剧的开山之祖，而且一下子就确立了中国现代戏剧的高度，迄今为止，还没有人能够达到这个高度。正因为如此，才让更多的后人对曹禺先生的世界心向往之。

曹禺先生的"四大名剧"，在不断地进行着排演。但大家需要注意的是，现在很多复排经典，其实都是在"强暴"经典。我们在给曹禺先生的作品不断赋予新的演绎时，应该更多探求曹禺先生的原意，这很重要。

至于曹禺先生，纪念不纪念，他都是曹禺。

简介

靳飞，作家和文化学者，20世纪90年代移居东京，先后任教朝日文化中心、东京大学。2008年策划组织演出中日版昆曲《牡丹亭》，担任总制作人兼执行导演。著有《风月无边》《樱雪盛世》《沉烟心事牡丹知》《张中行往事》等。

（原载于2010年9月26日《深圳晚报》）

周立民:晚年巴金,只想做"一个普通的老实人"

"不能把巴金当作'旗帜和偶像',而首先应当看作一个人,真实的人,与我们一样的人,这样才能将心比心,才能理解他,也自然明白哪些地方他能做到,我们就做不到。"在纪念巴老逝世5周年之际,巴金故居纪念馆常务副馆长、巴金研究会常务副会长周立民认为,应该以这样的方式缅怀巴金。

"在我看来，巴金早年是寒夜中的呼号、激流里的奋进；晚年是随想中的反思、再思里的探索。其中有一种纵贯的力量，一种气势，他的人生如同大海一样雄阔和有力。"

周立民本来只是巴金无数读者中的一个，尚在读初中时的他，每逢午间放学总是飞快地跑回家中，为的是能够读上几页《随想录》，一个坚强、真诚、无私的老人形象和他那些饱含着精神力量的话语为一个少年的成长提供了丰富的营养。他没想到，自己有一天会把"巴金"二字当作他人生的全部事业。

如今，当周立民在夜晚一个人一字一句阅读《随想录手稿本》的时候，他对巴金的认识在逐渐由平面走向立体，还看到了一个痛苦、忧郁甚至有些无助的巴金……

周立民告诉记者，其实，他与巴金先生并没有什么直接的交往，当他到上海的时候，巴金先生已经卧病在床了。巴金给他的是一个老人的形象，一个与你的心灵并不遥远的老人，他在向你倾诉着他内心的隐痛，那么，似乎你也可以向他倾诉你的欢乐和苦闷。自见到巴金先生起，就是这么一个老人的形象，而不是一个吓人的伟大人物。

在周立民的《巴金画传》后记中，他说："我要好好写一本传记，把我理解的巴金写出来，也让更多的人了解他。"周立民阐释，他要把巴金先生从传媒的那种报道和文学史的种种评价中解脱出来，还原为一个人之后，再来看这个人的思想、写作和活动。

一位有着高尚人格不断打动人的老人

问：谈谈生活中的巴金，我们很想知道的另一个巴金。巴金平时最喜欢的事是什么？最讨厌的事是什么？

答：在我所接触到的人中，谈到巴老，我发现一个非常难得的现象，那就是凡是与巴老有过接触的人，无不为他的人格魅力所感染所打动，我觉得做人能做到这一点是不容易的。浙江省公安厅警卫处的一位叫顾正兵的先生在文章中写得好，他说通过跟巴老的交往，他感觉到："在我的心中，他已不再是遥不可及的文学泰斗，而是一位可亲可敬的老人。"对的，他首先是一个真实的人，有着高尚的人格不断打动人的老人。

生活中，读书、写作、旅行，都曾是他生活的重要内容。买书，特别是西文书，也是他多年的习惯。至于巴老的性情，很多写过他的文章几乎众口一词：不张扬，不喜欢讲话，真诚，重友情，等等。他们家的客厅中间是一圈沙发，经常高朋满座，从照片上你会找主人巴金在哪里呢？这圈沙发的一角之外，他坐在靠墙的书橱前的一把椅子上……他应当是中心啊，可却坐到了最边缘的位置上，听着别人的高谈阔论，偶尔插上几句话。我觉得这个"座次"也颇能显示出他的为人。

那么，巴金是个"老好人"了？萧乾讲的两件事可以看到巴金的另外一面，一件是1936年鲁迅去世，萧乾所在的《大公报》发表了阴阳怪气地讽刺鲁迅的文章，巴金见到后很是震怒，萧乾说巴金的声音大得把房东太太都吓坏了，他让萧乾立即辞职，至于饭碗不要愁，没地方吃饭就给文化生活出版社翻译世界名著。还有一件是1957年7月，萧乾已经被《人民日报》点了名，许多人对他唯恐避之不及，在周总理召集的一次文艺界的大会上，巴金毫不避讳主动与萧乾坐到一起，鼓励他不要抬不起头来。萧乾几次提示巴金：这不是你坐的地方。巴金不闻不问。其实，1958年巴金还给已经是右派的田一文寄过钱，田一文当年因人事纠纷离开文化生活出版社，自觉有负巴金，但生活实在困难，没有办法才向巴金求助。其实，巴金那时也不轻松，1957年险些成为右派，1958年"拔白旗"运动中遭到全国性的批判，以巴金的身份"同情右派"在当年会怎样，恐怕经历过的人会更清楚。

晚年的巴金为"不做名人而奋斗"

问：在很多知识分子都十分迷茫的情况下，巴金为何能够保持清醒？巴金晚年的生活状态是什么样的？

答：看看他晚年怎么评价自己，或许有助于了解他的晚年状态。"我要做一个普通的老实人。"这是巴金1988年3月2日致李致信上的话。1994年4月2日，巴金老人在赠送给外孙女端端的《巴金全集》的最后一卷的扉页上的一段题词是这么写的："我说我要走老托尔斯泰的路。其实，什么'大师'、什么'泰斗'，我跟托尔斯泰差得很远，我还得加倍努力！只是我太累了。"可以说，他始终是一个真实、坦诚的人。那些人们羡慕的头衔或名誉对于他本人只能感到麻烦，在给老朋友冰心的信上说：要为"不做名人而奋斗"！（1991年10月15日）

从他的一生，能够看出他是有着大恨和大爱的人，没有纠缠于个人的得失，而是在为国家和民族的前途不断地忧虑。在外人看来老人辉煌的晚年，对老人自己来说，可能是在病痛和心灵的双重折磨中度过的。"文革"虽然已结束了几十年，但那种在别人身上已经淡化了的"伤痛感"，在巴金身上却仍然是揪心撕肺的，他同时也是长期在病痛的折磨、困扰下生活的。

写了八年《随想录》，巴老的身体越来越差，他患有帕金森病，骨折过，长期住院，《随想录》中有一本干脆就叫《病中集》。最厉害的时候，巴老手指没有力气，连笔都拿不动，整个的写作就是在跟自身的疾病做斗争，这个过程也显示出他坚定的信念和超人的毅力。

问：有人说，晚年的辉煌，造就了另一个巴金。你如何评价巴金的早年与晚年？

答：这个说法当然有道理，这也是把巴金与同时代其他作家相比而说出的。作为同一个人，我觉得当然早年与晚年不能分开，只不过晚年的生活更多地曝光在公众视线下，可能人们忽略了对他早年的关注。还有一点，就是他晚年提出的问题，恐怕在现在的社会中还存在，还没有得到解决，所以人们越来越关注他的晚年。

问：能否给我们谈谈《随想录》？

答：除了"讲真话""把心交给读者"这样已经为大家所熟悉的说法，《随想录》中更多的甚至为人所忽略但又很重要的内容，不是靠概括能够说得清的。对于这部书，我觉得人们已经似乎说得很多或了解得很多了，但我发现大家似乎都是在没有阅读它的情况下作出的判断和评价。我认为重要的是对它有兴趣的人，首先去阅读《随想录》，这才是最重要的。

有人说《随想录》是思想解放运动的百科全书，当时的每一个重要的论争、讨论，你在《随想录》中都能够找到回应。我今天读到巴老的话——"倘使一经点名，我就垮掉，那算什么作家？""作家不是为了受长官的表扬而写作的。"还感慨颇多，他这个作家协会的主席，对于作家的使命、责任，或者说内心中对作家的认定，都是有着一个很高的标准的。在《随想录》写作时期，巴金追求的是什么，用大家后来常说的话讲，就是"独立之精神，自由之思想"。

今天，我们为何还如此需要巴金

问：很多人对巴金是有隔膜的，尤其是年轻读者。这种隔膜因何而生？

答：巴金有一套自己的话语，这个话语即便在他的年轻时代，也不见得为人理解，尽管他是当时最受欢迎的作家，尤其是受到青年人的欢迎。所以，他的文章中，常常在抱怨别人不理解他，别人看重的一些东西未必是他自己看重的，甚至他都在怀疑写作的作用。说白了，那是因为他年轻时代的信仰，比如他信仰无政府主义，无政府主义对社会、国家、法律都有一套自己的看法，但是社会环境改变后，这些话语对于现实中的人来讲似乎成为天方夜谭，但巴金和他的一批朋友们其实还在默默地坚守着一些原则，所以就容易产生隔膜。

至于今天的年轻读者，说实话，虽然生活在一个开放的时代中，但他们的教育、经历和思想非常一元化，远远不能与"五四"时代的前辈比，一元化的思维下只能接受一种东西，他们的脑袋和人生经历中容纳不下更为丰富的东西，作为连锁反应，他们的简单化的思维当然把很多丰富的作品读得比他们还简单。

问：巴金的创作之于当代思想、文学，甚至之于整个中国的意义是什么？他的时代已经过去，他的精神传统在当今能否延续？

答：我觉得如果我们生活的世界、我们的精神生活中，只有现实这一维度，那么不但巴金，连鲁迅、李白、屈原等，都不需要了，都没有价值，因为他们换不来钞票，换不来米饭，更不要说车子、房子了。但如果一个人整天是在这样的世界中生活的话，那么他的生活的基点又是什么，换句话说，他有了全世界最好的车子、房子，吃和穿，那么他的生命又有什么价值和意义？所以我想人的生活，有历史又有现实，有昨天又有明天，有物质又有精神，才是正常的（先不要说高尚和伟大）。如果连这个都看不清楚，整天去追逐那些对于生命而言最终是泡影的东西，那是看似正常其实最不正常的生活。不幸的是，我们经常这样不正常，那么，鲁迅、巴金、冰心等的存在就是为了校正我们这种不正常的。这一点，恐怕比GDP的增长和减少更重要。未来的中国，人的精神问题比物质问题更突出。

问：巴金被称为"20世纪的良心""讲真话的人"，今年正值巴金先生逝世5周年，现代人，现在的知识分子，缅怀巴金最好的方式是什么？

答：这是我为最近一本书写的后记中的一段话——这卷集刊印出来的时候，恐怕就要到巴金先生逝世5周年的日子。5年前的那个夜晚，我至今记忆犹新。我还忘不了次日清晨，国年路上那些被风吹起的落叶，巨鹿路上那圣洁的白花，武康路的沉静和肃穆……我想，这样一位老人早已不需要无端地赞美和捧场，每一个热爱他的人只需要认真地了解他，不带偏见地认识他，还有默默地在行动中传承着他的精神。有这些就足够了。

简介

周立民，1973年出生于辽宁省庄河县。复旦大学中国现当代文学专业博士，现为巴金故居纪念馆常务副馆长、巴金研究会常务副会长。出版有巴金研究专著和传记《另一个巴金》《巴金手册》《巴金评传》《巴金〈随想录〉论稿》《似水流年说巴金》等。

（原载于2010年10月17日《深圳晚报》）

张大春：我准备了一个负责任的"答案"

2011年5月6日晚，当代优秀华语小说家张大春做客中心书城"深圳晚八点"，与资深媒体人胡洪侠以"读书真好玩儿——《城邦暴力团》里的民国逸事"为题进行对谈。深圳是张大春"城邦抱力行"内地巡回活动的第二站，"城邦抱力行"源自张大春今年年初的设想,取意"互相拥抱给力"。

一开场,"爱讲故事"的张大春就给大家讲起了故事,于是,"认识"张大春的、"不认识"张大春的人全都不走了。偌大的中心书城北区大台阶不够坐,人们就站着听。作为来自台湾的文化风云人物,张大春的影响力由此可见一斑。

为何会创作《城邦暴力团》?《城邦暴力团》中的真真假假如何辨别?如何看待民国那段历史?无论是面对与其对谈的资深媒体人胡洪侠,还是回答普通观众的提问,张大春都是站着说,和着丰富的肢体语言,细细密密地给大家"说书",真是让听者欲罢不能。

一个习武少年和两个女人

据说《城邦暴力团》的写作源于张大春十多年前和(台湾)城邦出版集团创始人的一句"玩笑"。当时城邦集团的陈雨航问张大春,有没有什么书可以给他们出。张大春说,就给你们写个《城邦暴力团》吧。

他在说这句话的时候,还完全不知道要写什么。脑中却有了后来《城邦暴力团》书中的第一段话:"孙小六从五楼窗口一跃而出,一双脚掌落在红砖道上;拳抱两仪、眼环四象、气吐三分、腰沉七寸,成了个蹲姿。"

这个画面浸润着张大春的少年记忆。一次搬家,让他从一个类似内地"军队大院"的地方,来到一个经常出现帮派分子的人员密集公寓区。张大春觉得里面到处都是危险,为了制敌机先,他先是练跆拳道,后来又练习传统武术。因家里供养不起他长期学武,于是张大春买了一罐墨汁,自染了一条黑带,道服的袖口还写上两个"忍"字,连父亲让他打酱油,他都换上这套道服才出门。

突然有一天,一个崇拜他的学弟来摁他家门铃,见他便拱手一问:"练跆拳道的大哥在吗?"非拜张大春为师不可,张大春当然不能丢了好不容易撑起的架势,于是心一横,壮着胆子给这学弟当师傅。学弟后来得了个拳击比赛冠军,带了新收的俩徒弟来拜访"师傅"张大春,自此,这3人他便再未见过,但学弟的名字却清晰地记了下来——他叫杨光荣。"为何孙小六从五楼窗口一跃而出？因为杨光荣就住5楼。"

在《城邦暴力团》中，不太擅长书写爱情的张大春，塑造了两个女人的形象，他自称过于"扁平"化了：一个是温柔、勇于牺牲，甚至有些慈祥、从不追问男主人公行踪的小五；另一个是激烈、神秘、热情，同样不追问男主人公行踪的红莲。"很多人以为我喜欢这两种类型的女人，其实这是天大的误会。茫茫人海中，爱你的人其实很少。这句话放在很多自以为很帅的男人身上，都是终身受用的。"

想辨真假等于"自找麻烦"

读罢《城邦暴力团》的读者也许会感兴趣：戴笠是不是真如张大春书中所说乃是势力做大被蒋介石担心卧榻之忧假手除之、万砚方身上隐约有上海几位帮会大佬的影子、江湖与黑帮是否真勾结颇深、历史上的周鸿庆真的身负机密隐没于碟阵之中、神秘的大佛齐齐断头果真是因为上面有武功秘笈？

当记者提出这个很多人都想解开的谜时，张大春说，他准备了一个负责任的"答案"——凡是能够在现存史料中得到考证的人物、事件就是真实的，史料中找不到的便是假的。其实，很多真真假假，写完小说，连他自己也忘了。为此，他举了一例：《水浒传》中李逵刀劈罗真人，劈的是罗真人的分身，童年时，父亲给他讲这段故事，他也认真地问"真的假的"。其实刀劈的罗真人到底是真是假，得看罗真人的传说是真是假。某些资料都是不经意间进入正史或集体记忆的。

对于这个话题，胡洪侠也精辟地作出总结：读者讨论《城邦暴力团》中的真假，等于自找麻烦。因为时间没有连续，历史从不完整；历史仍在历史之后，真相还在真相之中。

做一个真正的中国文化人

读者读到《城邦暴力团》"竹林七闲"这一章，便觉得门槛太高，很难跨越。于是，不少人质疑张大春炫技卖弄，其实，张大春并无此意。作为一个独特的文化存在，不是他懂得太多，而是我们懂得太少。张大春既是小说家、文学家，又是书法家、评论家，在中国的古代，这些身份本应是一个人，而现在却是分开的。张大春的真实想法是，回到古代，做一个真正的中国文化背景下的文化人。

张大春曾经写过《认得几个字》，谈自己如何向儿女解说汉字。有观众向他提问：如何看待两岸的识字教育？张大春说，现在的识字教材、教法都不太有效率，其实完全可用大学教音韵学、文字学的方法教小学生。大家都以为小学生太小，不能懂，其实完全小看了他们，识字最应该遵循"触类旁通"的规律。一个字后面会有一个故事，一个故事后面又有一段历史。至于汉字简繁之争，张大春认为，繁体不比简体有文化，简体也不见得比繁体方便，世上最后肯定没有简繁之争，一个中国人认识两倍的中国字，有什么不好吗？

正值辛亥百年，热了好几年的民国热今年继续升温。对于民国，两岸一直各有叙述，张大春眼中的民国是什么样子的？他引用梁启超的话说，辛亥革命既不是种族革命，也不是暴力革命，而是一场思想革命。这样讲似乎有些轻盈，也有些深奥，但梁启超说得没错。几方面的人在极短的时间内，拟了一个约法，但共识却始终处于真空状态。在各种派系纷争之中、列强虎视眈眈之下，处于风雨飘摇中的民国，却没有被列强瓜分掉，这就是最伟大的成就。

简介

张大春，华语小说家，山东济南人。好故事、会说书、擅书法、爱赋诗。台湾辅仁大学中国文学硕士，曾任教于辅仁大学、文化大学。著有《鸡翎图》

《四喜忧国》《大说谎家》《聆听父亲》《认得几个字》等。

（原载于2011年5月8日《深圳晚报》）

李永平：艰苦而又辛酸地叫一声"祖国"

当65岁的李永平在《大河尽头》简体中文版序《致"祖国读者"》中，喊出一声"祖国"时，这一声叫得好艰苦、好辛酸。

祖国的一切对李永平而言是遥远而陌生的，而他首次带着自己的简体中文版作品"回到"祖国，又何尝不是给了祖国读者强烈的陌生感。1947年，李永平以一个华侨子弟的身份，出生于婆罗洲北部的沙捞越邦古晋市，那是南洋的一个小邦，现隶属马来西亚。父亲给他取"李永平"这个名字，是因为他出生那年，中国正陷入惨烈的内战中。世界大地图上的中国——隔着南中国海，与婆罗洲遥遥相望的黄土地——成为李永平内心私藏的"祖国"。

李永平后来到台湾求学，又到美国留学，再回到台湾任教、写作，出版了《婆罗洲之子》《吉陵春秋》《朱鸰漫游仙境》《大河尽头》等，是当代著名华语作家。其中，《吉陵春秋》入选"二十世纪中文小说一百强"，《大河尽头》上、下卷分别入选2008年、2010年《亚洲周刊》十大华文小说，并荣获第三届红楼梦奖决审团奖。

如今，《大河尽头》简体中文版由北京世纪文景文化传播公司引进大陆，这部具有自传色彩、以回忆录形式写成的长篇小说，讲述了一个生长在南洋的华裔少年"永"，泛舟赤道蛮荒大河，一路溯流而上寻找生命泉源的故事。

因李永平先生不善于使用电邮，我的专访是以传真的形式完成的,其过程颇为曲折。我先联系到台湾麦田出版社的林秀梅女士,将采访提纲发给她。她又将采访提纲打印好,传真给李永平先生。仅仅相隔两天,我便收到了林秀梅女士发来的传真件,上面是李永平先生用6页稿纸、工工整整给我写的回答,这种认真的感觉真是久违了。当我把传真纸上的文字,一字字录入电脑,尤其读到李永平先生说自己身罹心脏疾病、不知何日能回心中的"神州"时,眼泪差点落了下来。那一刻,我突然明白,我们在阅读李永平的同时,也在读一段华人颠沛流离的历史。

"我身上流着正统的客家人血液"

问:身份上的不确定性,曾经让你困惑吗?

答:身份问题确实曾经困扰我。记得我刚到台湾时,本地同学常问我:李永平,你到底是哪里人呀?我总是支支吾吾,因为如果答马来西亚人,我心里不甘;答中国人,在当时的台湾是犯忌的;答台湾人,我那时初来乍到，对这座岛屿还没产生认同。被问得急了，我就答："我是广东人！"后来这就成为我的标准答案。

如今在台湾住了40多年，感觉上我早已是台湾人了。现在回想，当初为身份困扰，真是庸人自扰吧。同时拥有多个不同的身份——马来西亚人、台湾人，当然还有广东人——是上帝的恩赐，是我写作的动力和泉源。古今中外，没有几个作家有这种福气。

问：您的童年记忆都在婆罗洲，这个地方对于大陆读者而言非常陌生，似乎是理所当然的"异域"，很少人会关注那里与我们同根同族的华人，可否给我们介绍一下婆罗洲？

答：婆罗洲和中国，隔着一个南中国海，但两地的关系可说源远流长。15世纪，郑和下西洋，婆罗洲岛上已有华人定居。1778年，广东梅县客家人罗芳伯，在西婆地区建立一个共和国，国号"兰芳大统制"，自封为"大唐客长"，统领卡布亚斯河流域数十万华工，声威赫赫。直到罗芳伯死后，荷兰才派兵偷袭，将兰芳共和国消灭。至今，婆罗洲的华人，大多来自粤东客家原乡——我就是来自广东省揭西县灰寨镇的第二代华侨。

我身上流着正统的客家人血液，而客家人是流浪的族群，我作品中的浪游色彩，反映的不仅仅是我个人的身世背景和特殊人生经历，也代表身为"客家人"的"宿命"吧。

问：为何会选择到台湾来求学，乃至最后在此生活、写作？

答：中学毕业后，我原本计划再到大陆求学，不巧碰到"文革"爆发，才转而到台湾读大学，一住就是40年。在我走到人生十字路口，茫然无措之际，台湾张开双臂收容我，接纳我，让我有个安身立命的地方。如果说我有一点点写作天分，那是台湾的老师们发掘和栽培的。我今天能有一些作品发表，并且印成书流传于世，那也是台湾文坛提供的机缘。毫不夸张地说：李永平这个小说家是台湾造就的。

原始雨林中一次探险

问：《大河尽头》是您的"婆罗洲三部曲"之一，您似乎不甘于仅仅讲述一个传统的少年启蒙故事，而是开始了一次文学的华丽探险。您是否也有同感？

答：和我其他作品相比，《大河尽头》篇幅较长，场面较大，人物较多，而且背景也比较特殊（世界第三大的婆罗洲原始雨林），因此，这一趟探险的气势也就更加壮阔、文字更华丽繁复。就让读者们——尤其是从未进入热带丛林的年轻朋友——跟随小说主人翁"少年永"，顶着赤道大日头，抱着探险的心情，一路溯流而上，进入婆罗洲的心脏吧。

问：在《大河尽头》的简体版上，有这样的宣传语："生命的源头……不就是一堆石头、性和死亡""我要用我那子宫已经残破的身体重新把你生出来"。可否帮我们阐释一下这两句话？

答：这是挺有意思的一个问题。"生命的源头……

不就是一堆石头、性和死亡", 这是旅程开始时, 老探险家安德鲁·辛蒲森爵士对主人翁"少年永"的告诫。后来旅程结束, 在圣山顶、明月下一堆石头和遍地骸髅中, 永从事生平第一次性交, 进入女子体内的一刹那, 他确实感受到"死亡"。但, 吊诡的是, 代表死亡的克里斯汀娜·房龙小姐——垂死殖民帝国的幸存者、房龙庄园最后的唯一的继承人——却利用她那在二战集中营里, 被日军蹂躏、摧毁的子宫, 赋予永新的生命力量, 使他重生, 平安下山, 结束大河之旅回到文明世界, 成为一个真正的成熟的男人。这种奇异的、神秘的现象代表什么呢？请各位读者自个咀嚼和玩味吧。

问：无论是您的父亲还是您, 似乎都想过回到故乡"大陆", 但因为战争、"文革"等原因, 您一直未踏上过这个"故乡", 在您心目中, "故乡"是什么模样？

答：从小读中国古典文学, 对唐诗宋词描写的世界, 心向往之。很早, 小小的心灵就许下一个愿望：有一天, 自己也能运用曹雪芹先生（我自小崇拜的偶像）使用过的文字, 写出一部新《红楼梦》来。

长大后，漂泊浪迹于美国和中国台湾，对心目中的"神州"更是想念——思慕之深，只能用"梦牵魂萦"来形容。现在两岸总算开放交流来往了，我却身罹心脏疾病，刚开过刀，得乖乖休养，遵医嘱暂时不能远游。如今寄居台湾淡水河口一小镇，每天西望神州；游子虽已疲倦，也只好耐心等待来日的机缘。

问：如何看待当下华语文学在世界上的范围与力量？

答：我所属于的马华文学和台湾文学，是构成世界华语文学的一环，就如同当代大陆文学。在我看来，也是组成这个文学大家庭的一分子。此外，当然还必须包括香港文学、澳门文学、留美文学等。彼此之间不分高下、主客或长幼。大家共同为新世纪的华语文学大传统的建立，做出各自的努力和贡献，说不定，有一天，能够和日前独领风骚、称霸天下的世界英语文学一较高下呢！

简介

李永平，著名作家、翻译家。1947年生于英属婆罗洲沙捞越邦古晋市，台湾大学外文系毕业后，留系担任助教，并任《中外文学》杂志执行编辑。后赴美深造，获美国纽约州立大学比较文学硕士、圣路易斯华盛顿大学比较文学博士。曾先后任教台湾中山大学、东吴大学、东华大学。

（原载于2012年6月10日《深圳晚报》）

温瑞安：武侠电影拍得越来越雷人

风靡20世纪90年代的"超新派武侠"作家温瑞安，"失踪"近20年后，重现江湖。2012年7月18日下午，温瑞安在香港书展开讲"武侠小说与武侠电影——雷锋还是雷人"，开场便称"各位火星人好"，理由是"这个时候有人还关心武侠小说，肯定不是地球人"。

他时而拿自己的身高开玩笑，不想让"温巨侠"被演讲台遮得只剩下一点点；又一本正经地从绿色布包里拿出闹钟和一本与雷锋有关的书做"道具"；或者

从主席台的一个沙发上，窜到另一个沙发上；讲起金庸、古龙，他会在台上表演东方不败、李寻欢的武功；频频喝水时，还不忘提醒听者们"暂时聊一会儿"……这位接近60岁的武侠大师，真是"多动"得可以。

这次公开露面之前，温瑞安其实早已制造了不少动静。宣布复出后，其作品在各路人马惨烈地争夺下，最后门户网站网易以每个字2元钱的价格"中标"；再就是7月12日温瑞安著的《四大名捕》被搬上大银幕，于海内外公映，但电影改编得似乎只有名字与温瑞安有关，在网络上一再成为焦点。这位大侠想说点儿什么呢？

谈《四大名捕》：几个孩子在开化装舞会

记者问了温瑞安一个问题："很多温迷在网上讨论，电影《四大名捕》拍得和原著似乎一点儿关系都没有了，但您在接受一些媒体采访时，似乎还认可了这一次改编？"

温瑞安回答的语气有些无奈，但又尽量节制。他说，改编者是很用心的，在与他讨论的过程中，连他都已经不记得的书，改编者还记得，他们的确很认真在做这件事，绝不是颠覆、恶搞。

随后，他又说了点儿真心话："我觉得一个作者不应该有太多干涉，要对改编者厚道一点。可是，最后的结果是，我的几个孩子在开化装舞会，别说是你们，连我自己也认不出了。我为何说支持的话，因为他们的确很认真，责任完全由人家承担，这个事情我做不出来。"

而温瑞安在谈到"武侠电影拍得越来越雷人"的话题时，引起了全场爆笑，细品应该是有来由的。他说："武侠原著的电影改编，永远看不到原著，有些武侠电影被拍成了医学片，有些特技被拍成了神话；从金庸作品改编的电影中，能看到古龙；从古龙作品改编的电影中，能看到梁羽生的桥段；从梁羽生之中又看到琼瑶，甚至南派三叔……武侠剧拍成了玄幻，玄幻中竟然是武侠，实在太吊诡了。"

谈四大名家：崇敬金庸，喜欢古龙

新派武侠小说素来有"四大名家"之说：梁羽生、金庸、古龙、温瑞安。温瑞安曾经作了一个形象的比喻：金庸是茶，梁羽生是汤，古龙是酒，而他是咖啡。"茶是中国文化的一部分，金庸得其神。梁羽生功力深厚，是罐煨汤。古龙当然和他的喜好一样是酒，可是酒劲散了之后就没了兴致，容易有败笔。可是古龙就是古龙，他在酒劲酣畅时写下的文字，无人能敌他的浪漫精神。"而他这款咖啡呢，"即便喜欢喝，每天也只能一杯，喝多了睡不着，不喝又想念"。

从2011年开始，温瑞安在微博上发表短篇武侠小说，以"微武侠"的名义，引发武侠小说迷的关注。他甚至调侃"四大名家"：江湖传说，侠坛有四大名家，成了钉子户。地检人员要把他们拆迁赶走，我不走。金神侠说：走就走，我在香港还有的是房地产。古酒侠说：户在心中，我就是户，户就是我。还有一位写就天下无敌、搬就无能为力的温怪侠说：走便走，我搬到月球去落户。月球的坑，都是我挖的。

温瑞安表示，金庸把武侠带入了文学的殿堂，功德无量，他崇敬金庸，但从个性上自己更喜欢古龙。他甚至现场表演起了李寻欢的一段武功，很厉害的一招就把敌人解决了："古龙的想象力其实就在忽悠读者啊，无声也是很高的境界，只有一个'服'字。"

谈武侠小说：武侠作家都变成了"雷锋"

温瑞安表示，自己常常被媒体问到"武侠已死，武侠没人看了"这样的问题，大家都希望他"承认"或者"反驳"。是啊，看起来是，武侠小说已经到了无人承前启后的最后关头，确实一片悲观，能拍武侠电影的大师，还有几个呢？

现在写武侠小说，不像20世纪七八十年代的全盛时期，有不少于500位的写作者是靠写武侠小说而生存的，直至李小龙用真实的拳脚踢掉了武侠神话之后，武侠小说逐渐式微。武侠电影市场也是"月落乌啼霜满天"的感觉多,"东风破晓"的景象少。

现在还写武侠小说的人,都变成"雷锋"了,在大家都要抛弃这件事时,还非常卖命,用网络词汇就叫"2B"青年。但他认为,武侠仍然可写,大可为之,并调侃:"金庸不能说的,我能说;古龙不能说的,我当然不能说。"

谈创作:武侠不一定大,但可以很人性

谈及"武侠大可为之"这个话题,温瑞安以自己为例,透露"商业秘密":光是《四大名捕》的无情、铁手、追命、冷血,这4个"孩子"、8个字,连同44年来的不同国家、地区的发表、刊登、连载、翻译、出版、电玩、网游、电视剧、电影、漫画、连环图、代言及各类收益和版税,大约每位名捕,让他收入不少于300万港元,也就是说,无情、铁手、追命、冷血,这每个字都让他可收入150万港元以上。

温瑞安从8岁开始写《龙虎风云录》给同学们看，就有人说武侠已死，但他一直写到现在，现在每个小时还能写4000多字。说起自己，温瑞安称：还能走、能食、能玩、能干、能做、能睡、能拉，经济无忧，健康无碍，家庭和谐，子弟成才，侠友相知，生意也运作得蛮可以。"人生常划分多个阶段，很多人以为少年得志最好，青中年时是黄金期，但我至少都经历过了，到如今还是这时期最舒服，这阶段最自如。"

说武侠创作，温瑞安道，武侠不一定很大，但可以很人性。通常一篇好的武侠小说，可以从香港到内地，从新加坡到越南，有各种各样的版本出版，被译成各种文字，甚至被改编成电影、电视剧、漫画……有一群人愿意为你写的书而忙，何乐而不为呢？

如果是为了钱写武侠，当然要写；如果不是为了钱，那就更应该写了；爱这样一种创作，在逆境中表现出来的就是"侠情"。

简介

温瑞安,1954年生,著名武侠小说作家,新武侠四大宗师(金、古、梁、温)之一。代表作有《四大名捕》《惊艳一枪》《布衣神相》《逆水寒》等。

(原载于2012年7月21日《深圳晚报》)

黎紫书：带来另一种华语文学

从记者到作家，从马来西亚到中国台湾、到香港、再到大陆，黎紫书的名气越来越大，百度上有"黎紫书"贴吧，豆瓣上亦有"黎紫书"小组，著名作家、清华大学中文系教授格非在接受本报记者的一次访谈时，也提及他的几个学生在研究黎紫书。

2012年的上海书展上，在众多来自大陆、港台及海外的作家中，黎紫书的象征意义似乎更大一些，因为透过她，人们"像发现新大陆一样"看到——原来有另一种华语文学,在一个我们并不熟悉的地方,坚如堡垒,生生不息。黎紫书的出现,让一直隐没于华语文学边缘的马华文学,出现在更广阔的视野里。正如她在首部长篇小说《告别的年代》自序中的最后一句:你觉得它一直沉默地伫候在自己的位置,为的也许是有一天被你发现。

马来西亚文坛最漂亮的凤凰木

黎紫书是近年来马来西亚文坛中最漂亮的凤凰木之一,她原名林宝玲,1971年生于马来西亚怡保市,曾在马来西亚最具影响力的华文报章《星洲日报》担任记者12年。台湾著名出版人詹宏志对她的作品赞叹不已,称其为"梦幻作家",将其作品引进台湾。

和许多移居于台湾、香港的马来西亚华语作家李永平、张贵兴、钟怡雯、陈大为等不同,黎紫书是长驻马来西亚的异数,也是她这一代中取得最高文学成就的一位。她赢得的诸多赞誉,很大一部分原因也出于小说里独特的成长体验："华人在马来西亚的生存。"

这些年来，马来西亚文学奖颁奖典礼上总会出现"黎紫书现象"。"黎紫书"这三个字频频被颁奖人念出，她的短篇小说多次获得花踪文学奖马华小说奖首奖，也是两届台湾联合报文学奖首奖得主，成为李永平、张贵兴、商晚筠、黄锦树后又一马华小说能手。

不久前，黎紫书的首部长篇小说《告别的年代》简体版由新经典引进内地，这部小说先后获台湾联合报文学奖和开卷好书奖等重要华语文学奖，前段时间又入围奖金高达 30 万港元的 2012 年"红楼梦奖"。除黎紫书以外，其余 5 位作家都来自中国大陆（其中严歌苓现为美籍），而港台作家全部出局。

书里常有一个"不回家的父亲"

读黎紫书的小说，会发现其中常有一个"不回家的父亲"。那种感觉，正如我第一次见到她：2012 年 7 月香港书展的开幕欢迎酒会，黎紫书穿行在人群中间，显得敏感、瘦弱,甚至有种不安全感。但当你和她聊起文学,尤其是马华文学,她就眼睛发亮,真诚而投入。她的文字有种通灵的特征,会精准打击到感觉触点。比如在《告别的年代》中,她描写小说中的主人公,"躺在床上,那里是母亲咽下最后一口气的地方。尽管已经换了全新的床褥,但你似乎躺卧在死亡的凹痕里"。

黎紫书告诉我,她的个人成长经验的确缺乏"安全感",因为她有一个不快乐的童年。父亲是有几个家庭的男人,在黎紫书的世界,父亲永远是一个"缺席者"。母亲有4个女儿,姐姐很小时便辍学外出打工,于是黎紫书变成老大。母亲夜里还要出去做工,只剩下黎紫书带妹妹在家。"我天生敏感,大人的事情我都知道。我常常受到伤害,但不会表达出来。是不是这样的经历才让我成为今天的黎紫书?或许是吧,但我从不觉得这种经验有何幸运,或值得感激。"

没有比马华作家更纠结的群体

黎紫书说,大概再没有比马华作家更纠结的华人写作群体了。马来西亚是以马来民族为主的国家,马来人越来越多,华人越来越少,这就是马华跟其他华人社会最不同的一点。在马来西亚的华人,对自身的身份、地位、文化,有一种中文焦虑,害怕失去,害怕如果不强烈一点地去捍卫它,它就会被这个多元民族社会同化掉、侵蚀掉。

这么多年来,马来西亚的华人对中文有一种自觉的热爱,甚至有些父母坚持把孩子送去中文学校,虽然就业前景没有那么好,"可是我们华人就要懂中文",这种意识甚至比其他华人社会来得更强烈。他们有中文名字,哪怕在证件上只能以拼音的形式呈现。"在大陆,一点没有中文焦虑,可中文对我们很重要,那是华人在马来西亚最后的堡垒,所以可能爱得更用力一些。"黎紫书说。

在马来西亚,还有一个很特别的现象,就是华文写作者常常会觉得很孤独,读者少得可怜,甚至读者中可能有一半（或许更多）就是华文写作者。马华作家不像中国大陆作家或者港台作家，有一个相对可以接纳他们的生存园地，他们要获得认可，必须依靠华文媒体举办的各种文学奖。如果一个马华作者，能在台湾拿到一个文学奖，就被认为是能去到的最远的地方。"不是我们不想冲得太远，而是对于我们来说，能被大陆读者关注，太难了。"黎紫书说。

原来自己已经走了这么远

2011年年底，黎紫书才回到马来西亚，此前她在北京和英国旅居了两年，而之后，她将开始一段加拿大的旅行。不过，她说，自己最终回到的地方仍然是马来西亚。

黎紫书没有上一辈马华作家那种身份认同的纠结，比如著名马华作家李永平，不知何处才是故乡，他会"艰苦而又辛酸地叫一声'祖国'"，既无法认同自己是马来西亚人，又认为自己始终客居台湾，最终只回答："我是广东人！"对于黎紫书来说，她并不存在这种问题，她说，他们这一代人，已经接受了以马来西亚华人的姿态去生活。

在北京生活的那段时光，给黎紫书留下了深刻的印象。"我没来大陆之前，常以为大陆是金庸的武侠小说那样，充满着浪漫的想象。"黎紫书说，等她到了大陆，发现完全不是想象的那样，但也谈不上失落，而是认为自己想错了。最奇怪的事情是很多朋友告诫她："不要轻易相信任何人。"可是，这些朋友却又对她特别真诚，特别维护她，这个吊诡的现象曾让黎紫书百思不得其解。

黎紫书告诉我，她一开始写小说时，就深受大陆作家的影响。比如一开始，她大量阅读苏童的小说，甚至第一部作品还很"苏童风"，后来逐渐找到自己的风格。尤其在完成首部长篇小说《告别的年代》之后，黎紫书更像黎紫书了。

记得很多年以前，黎紫书听说自己十分尊敬的作家莫言，要在马来西亚吉隆坡做一场演讲。她坐车从家乡怡保赶到吉隆坡，还是迟了，便躲在一个角落听完剩下的讲座，在光照不到的阴影里，她觉得很自卑。多年以后，黎紫书在北京的一个文学活动中，遇到莫言，会议结束后竟与莫言在同一张台就餐。两人聊着家常，偶尔开个玩笑，"距离感的突然消失"一下子击中了黎紫书：原来自己已经走了这么远，走了这么久。

简介

黎紫书，本名林宝玲，1971年生于马来西亚怡保市。1995年她以一篇《把她写进小说里》获马来西亚"文学奥斯卡"——花踪文学奖马华小说首奖，此后连续多届获奖，是花踪文学奖设立以来获奖最多的作家；在中国大陆、台湾、香港亦屡获大奖，如冰心世界文学奖，台湾联合报文学奖、时报文学奖，香港《亚洲周刊》中文十大小说。首部长篇小说《告别的年代》入围2012年"红楼梦奖"。

（原载于2012年8月18日《深圳晚报》）

黄永松：建一座中华传统文化基因库

黄永松抢救出来的东西，远远比他有名——或许你不曾读过黄永松创办的《汉声》杂志，或许你也不了解黄永松正在做的抢救民间文化的事，但你一定知道中国结。黄永松是中国结的抢救者、整理者，乃至命名者，"中国结"的名字由台湾传遍全世界华人区，再传回祖国大陆，从此成为中国传统文化的一个象征。

黄永松身上没有"抢救者"那种急吼吼的姿态，相反，是不紧不慢、豁达平和的，极像从旧时走来的乡间雅士，向你讲述着什么，乍听起来那么随意，仔细品味又是那样不俗。接受我的专访时，他说："对于结果的预估，我没那么'高明'，只是因为一开始有个好心而已。"

2012年10月19日，他来到深圳，这一次，他带来的是几乎已经被遗忘的苏州水八仙。

对好事认命　认命就成了好事

黄永松1971年在台湾创办《汉声》杂志，41年来，这个杂志只专注于一件事，就是带着抢救的心态记录濒临灭绝的传统民间文化。1987年两岸开放，黄永松又很快深入文化母土。他去浙江山区，寻找失传已久的唐代夹缬蓝印花布；他找到默默传承技艺的风筝老师傅，把曹雪芹扎燕风筝谱变成实物；他盘坐在西北的土炕上，看窑洞里的大娘剪纸；他为福建土楼留下完整记录……

如今，他的主要工作地点在大陆，《汉声》杂志简体版的编辑部设在北京，编辑部有二十几人，加上台北繁体版编辑部的十几人，一共也就四十人左右。虽然黄永松的团队并不大，但《汉声》的坚持漫长而笃定。

黄永松说，《汉声》的目的就是把传统文化做一点记录和保存，但是传统文化太宽广了，大家关注的方面也很多，而关于广大老百姓生活的民间文化的部分，鲜少受到关注。所以，他们就以这方面作为选材的对象。第一，必须是中国的；第二，必须是传统的；第三，必须是活生生的，还在民间里面活存的、使用的、运作的传统文化；第四，必须是民间的，因为上层学术界已经有人做过研究，而老百姓的生活却少有研究。

黄永松将这么多年做《汉声》的经历称为"对好事认命"，于是认命也就成了好事。他说，越是乡土的，就越是人类的。后工业时代太霸道，抹杀了我们很多有个性、有特色的风物。大家在谈传统文化时，很多时候都是用眼耳口，唯独缺了一双手，他们现在做的就是多抢救一些传统文化的实物。

城市的发展　不应该消灭农田

这一次来到深圳做客紫苑茶馆，黄永松和《汉声》杂志带来的，是他们历时两年半策划编撰的《中国水生植物苏州水八仙》，这是《汉声》杂志最近的一个调研项目成果。

水八仙是中国传统食物，包括茭白、莲藕、水芹、芡实、茨菰、荸荠、莼菜、红菱八种生长在水中的植物。但是，原生种的水八仙正趋于走向昨日记忆。20世纪90年代以来，水八仙传统种植区因为工业区的扩张而逐渐消逝。传统的种植智慧在消散，连在水八仙传统种植区，妇女的传统服饰也迅速走向消亡。美好的记忆哪里去了？泥土的芬芳哪里去了？失去爷爷奶奶用汗水生产的智慧，失去水土交融的尊重，失去我们祖先的生活习俗……我们不只是失去它们，还失去了更多。

从策划之初的2010年6月开始，至2012年6月，《汉声》的三位年轻编辑从北京到苏州二十余次，在十几个村镇，实地采访水八仙从育苗到采收的全过程。

在扎扎实实的寻访之中，一些有关水八仙的注定已成为遗憾的过往瞬间，重新浮现。

黄永松说，如今，很多城市与乡村都失调了。城市在拼命发展，拥挤，使城市没了城市的好处；乡村的价值观发生改变，人口缺少，剩下老少。城乡是我们的生活空间，却因为失调给大家造成很大的压力。水八仙只是其中的一个小事物，但拯救这种小事物，就是在拯救我们自己。城市的发展，不应该消灭农田。

在《汉声》四十多年里，黄永松所做类如"拯救水八仙"这样的事，不知已经有了多少。《汉声》已出版超过150期，摞起来都高过他的身高了。看着过往每一期的封面，黄永松也常常吓自己一跳，而那些点点滴滴的确是亲身经历过的。有过放弃或离开的念头吗？黄永松答："我不是巨人，我也是平凡人，只是有良心而已。我现在在这方面多做一点，可能对社会有用。当我很累的时候，我就这样鼓励自己。"

简介

黄永松，1943年生，台湾地区出版人，设计师，中国乡土文化遗产积极的抢救者。1971年创办《汉声》杂志，遍走中国田野乡间调查，采集"中国的""传统的""活生生的"民间手工艺文化，努力建立一座中华传统文化的基因库。

（原载于2012年10月27日《深圳晚报》）

李继宏：我不是一个能够被诋毁的人

因翻译《追风筝的人》而知名的李继宏，2013年初，被《小王子》"最优秀译本"事件推上了风口浪尖，有人评价："李风筝这次怕是断了线，栽了。"

但李继宏不在乎人们的任何评价，他说自己不是一个能够被诋毁的人，仍然坚持1月12日在博客上写下的观点："如果你认为你翻译或者出版的并非最好，那么你出来干什么呢？"

"《小王子》事件"尚未平息，在2013年8月的上海书展上,李继宏的一番讲话又引起巨大争议。《瓦尔登湖》新书发布会上,李继宏被认为"口出狂言"——他先是给徐迟、傅惟慈等老翻译家挑错,接着又说:"钱锺书、陈寅恪的外文水平都很低。"

究竟是自信膨胀、博人眼球,还是出现了一个敢说真话的人?一个周日的晚上,我与李继宏在深圳有一次面对面地对谈。生活中的李继宏,礼貌温和,并一再为自己的迟到而道歉,与给人"口出狂言"的印象截然相反。他认为那是大家对自己的误解,自己不是狂妄,而是在说真话。

我没有被出版方"绑架"

问:在"最优秀译本"事件中,你是不是被出版方的宣传语"绑架"了,是被动的?

答:这种"绑架"并不存在,一个不尊重我的出版方,我是不会与他们合作的。

我与出版方的合同约定,我对译稿有绝对的权利,哪怕改一个标点，都要征求我同意。对于出版方如何宣传，译者不能越俎代庖。样书出来后，我看到腰封，建议过出版方不要提"最优秀译本"，可用"最新译本"的提法。但最终拍板的不是我，我不是果麦的老板，没有权利决定宣传语用什么。我信任出版方的工作能力，针对我的这套书，他们有一个由五六个人组成的项目小组，在编辑过程中，去找了其他数十种译本对比，提出了这样的看法。

问：那么说，你认可"最优秀译本"的提法？

答：我做事从来不考虑别人怎么看、怎么想，别人说的话对我不会造成任何影响。出版方的人让我不要因此事跟任何人去赌气，在译稿千字几十元的行情下，一个译者能被邀请做一套名著，目前似乎还很难找到第二人，他们说，你做这件事已经证明了你的能力。

我从2007年开始专职从事翻译，一年有360天每天平均工作十几个小时，是靠翻译吃饭的人。我今年32岁，出版了29种书，门类包括哲学、文学、社会、神学、经济学等，有的书成了畅销书，比如《追风筝的人》，大学也有很多人在研究我的翻译。无论是从译作的种类、销量，还是在学术界的影响，我都不是一个"他们"能够诋毁的人，其实也就是那么几个人在网上说来说去，更不值得在乎，我只是笑笑而已。

问：这套书您的稿酬是多少？

答：这套书我是拿版税的，同时还有预付金，预付金每个字都已经超过了1元钱，目前在国内翻译界估计不会有第二人。

问：在你的《小王子》译本出版之前的一星期中，就有1000多人匿名在豆瓣网上给此书打了五星（满分10分），人们认为出版方使用了"水军"，加上"无耻宣传"，于是才有了后来的"一星运动"。事实究竟是怎样的？

答：很多人并不知道事情的来龙去脉。去年12月底，《小王子》刚刚从印厂出来后，责任编辑在豆瓣上建了一个页面，发了一篇书评，写得很好，很感人，当时点击率就比较高，后来出现在了豆瓣的首页。这之后，很多人便开始给《小王子》打五星，他们应该是看过《小王子》的人,只是凭自己的印象来打分,并没有特别关注到《小王子》的版本。结果两天之内,《小王子》又变成了豆瓣热点图书。豆瓣已经澄清,在此过程中,并没有任何"水军"现象。

从1月9日开始,有人开始发微博,批评我"你凭什么说自己的译本是最好的,不要脸"。这两个人,我都认识。微博发出后,他们的朋友,比如做翻译的、出版人啊,就开始一起说这件事,并发动了所谓的"一星运动"。

打五星时我是笑笑,打一星时我也是笑笑。我倒是挺佩服"他们"的,每天早上一起来,就上微博把李继宏损一顿;每天晚上睡觉前,也上去把李继宏骂一通。

老译本早已过了"保质期"

问:《小王子》原著是法文,有人说你作为英文译者,怎么敢说自己的翻译最好呢?

答:他们没有天天坐在我的书房,怎么知道我是从英译本转译的呢?我能用英文工作,难道我就不懂法语吗?

问：你懂几门语言？

答：英语、法语、德语，英语程度最好。

问：你的译本也被人指出有许多错译，你怎么回应？

答：如果我的编辑问我为何这样翻译，我会解释。你来采访我，我也会解释。但"他们"，我没有义务回应。我知道自己肯定有看错的地方，但不是"他们"说的那些。我做这套书的目的，不是说"李继宏比其他译者水平高"，而是想给读者一个最少错的译本。

问：怎样才算是一个好译者？

答：两个译者，谁的水平高低，不好说；但具体到译本上，是可以讲出个高低的。西方有个翻译学理论：无论什么样的翻译，哪怕译得再好，经过一些年后都需要重新翻译。像国内20世纪80年代之前的老译本，从学术上讲都是过了保质期的东西。老一辈的翻译家，因为当时的生活条件所限，对西方社会了解不足，有人连机场的"出发、到达"都搞不清楚。现在生产条件好了许多，以前查个不懂的字词，只能到图书馆；现在有互联网，甚至写个电邮直接去问外国的专家乃至作者本人。

我敢肯定地说，我的译本比30年前的好。很多人以为我狂妄，其实不是，如果把我放到20世纪六七十年代，我什么都不是。我不是说我水平高、以前的人不行，而是时代有局限。

我最起码是个合格的手艺人

问："陈寅恪、钱锺书外文水平都很低"，你现在还坚持这么说吗？

答：尽管人们对我提出各种批评，但我坚定认为没错。在民国时期接受教育的那批人，傅雷也好，钱锺书也好，陈寅恪也好，用今天的标准来看，这些人的外文水平都很有限。很多人觉得自己的偶像受到了玷污，我是社会学系毕业的，说话讲证据，人们所说的钱锺书懂很多门外语，其实只是人们传来传去的话，没有证据可以证明。

说到陈寅恪,也是个比较热门的人,被神化得很厉害,据传他精通十几门外语。他到底精通几门外语我不知道,但我知道他的英文水平很低,因为他总共发表过两篇英语论文。如果去看陈寅恪的《元白诗笺证稿》,你在第一章就能看到他得意洋洋地说:"寅恪曾草一文略言之,题曰韩愈与唐代小说,载哈佛大学亚细亚学报第一卷第一期。"不知道的人可能会被唬住,觉得陈寅恪好厉害。但我正好看过这两篇文章,《韩愈与唐代小说》只有4页,《〈顺宗实录〉与〈续玄怪录〉》有7页,是两篇介绍性的短文,笔法非常幼稚,跟现在的大学生作文差不多。

问:你的自信来自哪里?

答:做翻译就像做手艺一样,过去有的"前辈"一辈子只译一本书,你想过只做过一张椅子的木匠能把椅子做好吗?翻译需要在实践中不断发现错误,改正错误,我10年来一直只做着翻译这一件事,最起码是个合格的手艺人。我的自信来源于我的专业。

我得了时代之利。以前那些外国名著的译者，因为条件所限，是不可能把名著翻译好的。现在时代不同，在家里打开电脑，就能看到欧美每个大学所有的博士论文，以及海外各种学术期刊过去几十年，甚至上百年来所有的论文。打开谷歌图书，就能搜到作者在书里每一句引文的出处。以前的译者，由于查阅资料不方便，是没办法利用国外的研究成果的。有永恒的原著，但没有永恒的译著。

问：对于翻译界前辈的诸多批评，会不会因为自己眼光有限，显得太轻率，也缺乏一种尊重？

答：说话就一定说真话，不留余地。我说自己的译本优秀，并不是说我比以前的翻译家优秀，这是两个概念，只能说我的翻译得了时代之便。

外人常常以为我在孤军奋战，实际上我没有战斗，我只是一个想做好翻译的手艺人，很多支持我的人是不说话的。一本书译得好不好，大家看看销量就知道了，也可以去当当、亚马逊看评论。我喜欢说真话，不愿戴个假面具给大家看。而且，我也不太在乎大家怎样看我，或者怎样骂我。

我也会在网上看看有谁骂了他,目的是:如果在某些场合见到这个人,还对他很热情、很客气,自己这个样子不是很傻吗?

问:能概括一下自己的性格吗?

答:做我自己。一个人有说话的自由,我可以说我的译本最好,正如他们说李继宏的译本很烂。

简介

李继宏,生于1980年,祖籍广东。译著有《追风筝的人》《灿烂千阳》《与神对话》《了不起的盖茨比》《小王子》《维纳斯的诞生》等,涵盖小说、散文、社会学、经济学、哲学、宗教等领域。

(原载于2013年1月27日《深圳晚报》)

虹影：私生女情结还是我写作的根

虹影又出新书了，一本自传体散文《53种离别》(江苏文艺出版社)，一套"虹影精品集"(安徽人民出版社)。

其中，"虹影精品集"包括她的"自传三部曲"——《饥饿的女儿》《好儿女花》《小小姑娘》，"上海三部曲"——《上海魔术师》《上海王》《上海之死》。特别的是，这套精品集的装帧使用了很多虹影女儿画的画。虹影给我们的印象，似乎是一直揣着一把利刃。而这些画，让人觉得虹影柔软了许多。

阅读虹影的最差方式，就是"猎奇"。不错，她的书中确实有很多足以让人们猎奇的情节——"母亲与多个男人的瓜葛和旧情""坦露和小姐姐共侍一夫的情史"……但这样读虹影的作品，就太对不住她惨烈解剖自己的文字了。虹影的作品，有一种她独有的倔强和自负。我们可以看到她的命运轨迹，她直接写自己是"非婚生"的和近于贫民窟的生长环境，私生女—贫民窟—弃儿—离家出走，似乎构成她生命的一部分，并且在她的作品中反复强化。虹影用自己的笔，一直在摧毁那一个"旧我"，这是一种心狠手辣的现实主义。

虹影认为，一个人要想和过去的所有生活都决裂是办不到的，记忆、一个人的根和童年意识都是无法摆脱的，一个人别想和过去决裂。即使身份能够挣脱，但是，你的成长是和父母给你塑造的环境有关的，你无法挣脱得掉。这些东西，对一个作家来讲，是一笔博大的财富。对我们读者来说又何尝不是呢？

别人再好，都不如母亲的坏

问：本次出版的"虹影精品集"，与之前的版本有何不同？我发现装帧设计中，用了许多您女儿的画。

答：是新修订的，也有一些校正的，每个字都再看一遍。以前都零散出过，但没有这次出得全和精。女儿听说了，每天都努力画画，记得设计者友雅来我家，我们发现还差画，让她马上画。她就趴在那儿画。

问：能不能给我们谈谈《53种离别》，这是一本什么样的书？它与之前的《饥饿的女儿》《好儿女花》有什么内在联系？

答：我认为这本书跟《小小姑娘》都可以注释《饥饿的女儿》和《好儿女花》，就像是两棵大树分出了很多枝，然后开出了很多奇怪的花，不由我管，不由我浇水培土，它贱生贱长，生命力极旺。

它们是分枝，是注释。当重新展示内心一些隐秘的事情时，它们给我机会发现内心深处的伤。比如《53种离别》中写我被送到忠县，那是我人生很大的一个伤疤，如果我没有被我妈妈想起并重新把我弄回重庆，那我在农村就成了一个农村妇女，很多年我都做同样的梦，梦到自己在这个乡村里的田坎和山坡上乱走、奔跑，没人管我，等于就是一个野孩子。我不知道去哪儿，那时候我那么小，想想：一个失去母亲的孩子，对未来一片恐慌，她的心再坚强也会受伤、疼痛。但是命运对我很关心，在我觉得没有希望时，那里的人对我那么好（但再好都不如母亲的坏，真想母亲呀），他们让我的内心得到安抚，正是这种安抚让我日后对别人宽容，对这个世界抱以希望，让我的内心世界不被黑暗灌满，一直有亮光。这样的老百姓跟我沾点亲，但之前完全不认识，他们知道我的背景，但还是对我那么好，让我知道，这世界不是那么坏的，有美好的东西。

问：您如何看待"离别"，理解"离别"，与"离别"相处？

答：我们出生于世上，就是为了离别，通过离别，看自己和他人，以及这个世界。比如我，至今经历了多达53次生离死别，亲人、爱人、朋友之间的离别，幽深曲折，仍然是我的自传故事，我的成长。看重每一次离别，珍惜每一次相聚。

我的写作，从一开始就没有顾忌

问：您的创作似乎建立在"您的生命"之上，我们通过一部部作品认识虹影——《饥饿的女儿》《好儿女花》……你写书的过程，总是把自己的生活、自己的记忆，撕裂了给别人看，像一种自我救赎，而且有种飞蛾扑火式的壮烈。您的人生与写作之间，到底有一种什么样的关系？

答：不管写自己或是他人，我写作的时候就是处于这样的状态：我没有顾忌，从出生到成长的过程中，我是被现实社会强烈抨击的，所以我的反弹性让我对这个世界的反应无所谓了。我的生命是野蛮地生长，无论我离家出走、写作或是发表东西，都不按既定的方式做。我喜欢跟有情有义、有不同思想的人在一起。那时杂志社、报社里也有人欣赏地下诗人、地下小说家，第一个发表我诗歌的就是阎家鑫，她是很有才华的女诗人，碰巧在一家杂志社编诗歌，她特别喜欢我的诗歌。我很幸运，找到我的同路人，在我写作时一开始就没有顾忌，胆子也特别大，也不在乎什么地域和传统的框子，这其实是一个原生态的写作方式，不会被现实社会诱惑，也不会为讨好某一流派或政权而写作。这是我一直保留下来的。

问：是虚构，还是写实，在您这里似乎界限并不明显。与您的几部纯虚构（如"上海系列"）相比，人们对您自传式小说的评价似乎更高。接下来的创作，是继续毫不留情地解剖自己，还是其他？

答：我喜欢挑战，现在正在写的一个长篇，有三年了。一直在修改中。我想剖开这个世界的可怕的一面。

问：有评价称，《饥饿的女儿》之后您的作品更像行为艺术，比如"挖掘母亲与多个男人的瓜葛和旧情""坦露和小姐姐共侍一夫的情史"，大家反而忘记了文学价值，开始窥视您的私生活。您怎么看待这种评价？

答：对这种评价，我只能表示很遗憾。五年前参加母亲葬礼时，根本就不知母亲晚年捡垃圾，更不知她的生命中有超过我生父或养父的其他更重要的男人，包括在"文革"时期有过那样一段被逼成造反派头目的受辱的羞耻过去，而这样一段羞耻的过去是为了救人，救自己喜欢的一个好男人。我剔除任何杂念只有一个想法：必须真实地写出母亲。我的母亲一生不幸，却有幸成为这个国家部分苦难记忆的见证人。

问：有人说，您在与前夫赵毅衡分手后，文学创造力弱了，不知怎样看待这种评价？大家老是"八卦"这件事，您介意吗？

答：对此说法我置之一笑。书不在于厚而多，在于精而好。如同好些评论家认为《好儿女花》是我一生中结构写得最好的小说。因为有孩子在照顾，我以前平均两年一本新书。现在是三年一本新书，甚至不到三年。但是一本比一本质量好。那些人说三道四，我不是太在意。相比我童年时受的欺负和侮辱，现在这些人对我的曲解算是客气的。

女儿陪我重度一遍饥饿童年

问：《小小姑娘》的宣传词称"既是虹影对已故母亲的追思与致意,也是为人妻母后的虹影对昔日童年成长的一次温柔回视"。与母亲之间的关系,从原来的"痛苦审视",到如今的"温柔回视",是怎样一种情感转折?

答：我看母亲,那种爱,那种关切,那种深深的情,没有改变过。只是小时是一种埋怨,生怕母亲不爱自己,需要她多多的爱,结果她什么也不能给自己。写《饥饿的女儿》一书时是以女儿角色看她,远不如写《好儿女花》时,以母亲的角色看待她、真正地懂得她。失去她后,才发现没有她的世界,自己是多么孤单。

《小小姑娘》是一本"母女书"和"枕边书",算得上是《饥饿的女儿》和《好儿女花》的补充和注解。该书既关于"虹影的母亲",亦关于"为母亲的虹影"。

问：谈谈您的女儿吧,她是个怎样的孩子?

答：她特别喜欢画画。每天早晚就画画,我讲故事给她听,比如《小小姑娘》的封面有一个穿黑衣的小女孩，就是女儿听了我讲小时候没穿的，穿姐姐们穿过的黑衣服后画的我。后来她好几天都在画鲜艳色彩的衣服，说是给我小时候穿的。她以画表达对我的爱，她总是让你感动。我觉得自己不应该隐瞒她什么，无论是人性里面丑恶的一面，还是社会上阴暗的一面。

女儿陪我重度了一遍饥饿的童年。每晚哄女儿睡觉时，女儿都会缠着我讲故事，"妈妈你小时候是什么样的？你住在哪里？""哪能拒绝她那么好奇的眼睛呢？于是我给她讲我的小时候。有时我讲的是一个怪老头，有时我讲的是一只猫或鸟，有时我讲的是神秘的葡萄树，讲得最多的是我的母亲，她的外婆。"

问：您说要抵达"黑暗中的丝丝温情"，原来您似乎很少谈论"温情"，难道"小小姑娘"让您的人生观、世界观发生了变化？

答：未做母亲前，像一片鹅毛，飘来荡去。做母亲后，站在大地上，神定气足。写作时，也多方位。

问：您说过，自己承传着一个私生女的基因，私生女情结让你和别人不同。如今，身为母亲，你打算与"私生女情结"和解吗?

答：我试着一次次理解那过去。那过去给我带来很多苦恼和麻烦。但也可以说使我领悟了人生和世界是怎么一回事。那样的过去便成了一笔挥之不去、用之不尽的财富。那也是我灵感的发源地。

简介

虹影，著名英籍华人女作家、诗人。1962年生于重庆，曾在北京师范大学鲁迅文学院、上海复旦大学读书，1981年开始写诗，1988年开始发表小说，1991年曾移居英国，现居北京。著有《饥饿的女儿》《K》《绿袖子》《好儿女花》等。

（原载于2013年7月21日《深圳晚报》）

阮义忠：我拍过的村庄，再也回不去了

有"中国摄影教父"之称的摄影家阮义忠来深圳了，这一次，他带来的不是摄影集，而是2014年1月刚刚出版的第一本随笔集《想见　看见　听见》。

对于习惯通过他的镜头看乡土的读者而言，阮义忠的文字能让人们从另一个角度读到，他为何流连人与土地的关系，为何愿意关注最平凡的人，为何那样恨自己的童年又那样爱自己的童年。

"中国大陆关注世界摄影，或称之为严肃摄影的人士，如果年龄正在40岁上下，那么，阮义忠的名字想必在他们心中无可替代——他是一位世界摄影之于中国的启蒙者和传道者。"陈丹青曾这样评价。

阮义忠被大陆摄影家尊称为"中国摄影教父"，所谓"教父"，是指国内年纪三四十岁的摄影师，基本都读过阮义忠撰写的《当代摄影大师》《当代摄影新锐》，这两本书几乎影响了这一代摄影师的成长。

阮义忠最为知名的摄影作品之一是"人与土地"系列。20世纪70年代，台湾工业突飞猛进，乡村急速变迁，村庄在发展中暴露出越来越多的问题——农产品价格低落，人口外流，农药对土地和蔬菜的污染……当时才二十几岁的阮义忠，一头扎进了台湾的乡村，一拍就是13年，累积了上万张照片，留下了"最后的乡村"。而在今天，他再看那些照片，认为其不仅仅是追忆，更是一种反省，提醒人们"我们正在失去什么"。

2014年3月28日晚8点，阮义忠以"在摄影的路上：我的工作，我的生活，我的理想"为题，在深圳中心书城南区多功能厅举行了一场新书分享及签售会。

活动前夕,记者对阮义忠先生进行了一次专访。采访地点定在他所住的酒店大堂,声音很嘈杂,阮义忠先生不得不提高声调以回答记者的问题。虽然有些疲惫,但他始终保持着善意和优雅,认真回答每一个提问——就像他举起照相机的时刻,尊重每一个走进镜头里的人。

写文章比摄影更轻松

问:与摄影相比,写文章会更难一些吗?

答:摄影是我的工作,我如今也被贴上了摄影家的标签,哪怕我写的文字不比摄影少,但估计也不会被称为"作家",我写文章其实比摄影更轻松,因为哪怕写得不好,别人也不会批评。(笑)

因为轻松,我的文章会有一种特别的文气吧,就是那种"不管通不通,只要大家能读懂"的随意。可能和我搞摄影有关系,我的文字好像有一种"看见",有一种"触感",这样说会不会有点自夸了?哈哈……

我写文章比摄影早，20岁左右就发表了3篇小说，不过写到第4篇，发现连自己也读不下去了，根本就不是这块料。后来就画画，逐渐有了些名气。那时候年轻，活在自我的天地中，任何事物都想尝试。后来到了《汉声》杂志，才真正走进了摄影，用相机关注一切，以前什么都与我无关的外在世界，后来似乎什么都与我有关了。

问：在《汉声》杂志工作的经历，是不是您人生的一个转折点？

答：是的。1972年，《汉声》杂志登广告，招聘"有艺术基础的人"。我看了广告后便去应聘，因为当时已经有了些名气，与黄永松也有很多共同的朋友，所以，黄永松一见我就很开心，两人聊了很久，但他竟然不知道我不会拍照，而我以为的"艺术基础"就是画画。

临告别的时候，黄永松问我，什么时候可以上班？我说，越快越好。他又问，你用什么相机呢？我如实答，我不会拍照。当时，黄永松的脸都绿了（哈哈），不过他几秒间又变回来了，说，凭你的条件很快就会上路的。

我上班后，他丢给我一架老相机，让我没事就出门去练习。

我第一次拿相机的时候，根本不知道要拍什么，脑子里一堆问号。还好，那时的台湾人民很宽容，很善良，总是怕我浪费"那么贵的底片"。这一点，也促使了我后来的镜头，更愿意捕捉平凡人。

问：20世纪70年代，您的拍摄视角就落在村落、乡土之上，在当时很西化的风气中，这种做法似乎显得很"落伍"。您觉得呢？

答：我只专注于我最在意的东西，喜欢诚实地面对自己。我从来不在乎什么新了，什么旧了，只觉得把一种东西做到极致就是好的，好就是永恒。当然，我后来成功，也靠了一点点运气，路上有多位贵人相助。

我在《汉声》杂志工作了不到两年的时间，就"溜"了。当时最好的朋友创办《家庭》杂志，一定要邀请我加入。杂志设定了一个旅游栏目，让我自由发挥，我是从那个时期起开始拍村落的，现在看到的所有乡土的照片，都几乎来自那段时期。

当时边拍边写，我怕主编不懂我的想法，专门在第一篇文章中的最后一句写道："最美的风景就是人的生活方式。"因为种种原因，这本杂志编好的两期都没有出版，而我却从此开始拍摄乡土。

摄影让我又过了一遍童年

问：在很多的访谈中，能读到您对童年又恨又爱的复杂情绪。您的童年是怎样的？

答：是的，童年时我厌恶农夫的身份，觉得所有和泥土有关、带着汗水臭味的一切东西，都是卑琐的、可耻的。我所累积的童年经验并不是很健康，没有吸收到该吸收的养分。

而摄影，则让我又过了一遍童年，把我没有好好过的童年找回来了。当我在乡村拍到闷闷不乐的孩子时，那不就是我吗？当我拍到高兴的孩子时，会想他比我好多了。我能把平凡的人物拍得很好，因为"我就是"。

问：随着现代工业对乡土文明的破坏，您拍摄的人与土地，与现实开始有了差距。有人质疑，阮义忠把一个充满问题的乡村彻底浪漫化了。您同意这种质疑吗？

答：没有浪漫化呀，我拍的就是30年前的台湾。不过，如今我拍摄过的村庄，我也不敢回去了，很多东西已经被破坏了。我当时的拍摄，就是想把农业社会中，人与土地的关系、人与人的信任留下来。摄影最大的力量就是能见证一个时代，我们不能只用怀旧的情绪来看那些照片，而要知道，我们正在失去什么。我的摄影，是一种反省。

问：可否介绍一下《想见　看见　听见》？

答：集子中所有的文章都是发表过的，在台湾主要发表于《联合报》和《中国时报》，在大陆主要发表在《生活》月刊上。后来，想把这些文章整理成一个集子，发现可以分成三个"段落"——"想见"是自己的成长经验，是生命的转折；"看见"是我的摄影评论文章，以我的视角点评一些知名的摄影家；"听见"部分，主要是我的乐评。除了摄影，我的另两大爱好是听音乐和走路。

我想把摄影伦理找回来

问：您在大陆的多个城市，都开办过"摄影工作坊"，重新让人们认识"暗房的价值"，这种做法的思想意义是否大于实际意义？

答：我已经在北京、广州、杭州、成都四座城市开办过"摄影工作坊"，接下来已经排定了西安、昆明、潍坊三座城市。在数码相机横行的今天，我让大家重新使用传统的胶卷，重新回到暗房，是为了把摄影伦理找回来。在暗房里，能触摸到拍摄的温度。

用传统胶卷，摄影者会很克制、很认真、很专注地对待拍摄的东西，会全力以赴地拍；而现在，大家是"拍了再选"的方式，不再珍惜按快门的机会，不珍惜就渐渐不懂得尊重，而摄影的伦理最重要的就是尊重。

问：胶卷会消失吗？

答：会小众，但不会消失，就像杂志一样。

问：您的镜头现在会对准什么？

答：会对准我的生活。我的生活是与艺术同步的，我的作品与我做人一样，追求真、善、美，这是我对自己的期许，也是警惕。

简介

阮义忠，1950年生于台湾省宜兰县头城镇的木匠人家。台湾当代著名摄影家，是少数被选入美国权威的《当代摄影家》一书的华人摄影家之一。

（原载于2014年3月30日《深圳晚报》）

宋以朗：何必说张爱玲晚景凄凉

张爱玲一生没什么朋友。如果说有朋友，那就是宋以朗的父母：宋淇与邝文美夫妇。宋淇夫妇是张爱玲生前指定的遗产继承人，他们去世之后，宋以朗便成为"张爱玲遗物的看护人"。

2014年7月，夏志清先生的《张爱玲给我的信件》推出简体中文版，探隐晚年张爱玲的人生真相。借此，记者专访宋以朗先生，请他讲述所知道的"晚年张爱玲"。

张爱玲遗物中第二重要的是书信

问：您认为"张爱玲给夏志清的信"在所有遗物中，占有什么位置？

答：我认为张爱玲遗物中最重要的是遗稿，尤其有些已经完成但当时因为种种原因未能发表，不过现时再没有障碍，如《同学少年都不贱》《小团圆》《雷峰塔》《易经》《少帅》等。其次是一些残稿，要花一点工夫才可以出版，如《海上花》英译本、《重返边城》等。

第二重要的是书信。书信来往最多的是与宋淇夫妇，其次就是与夏志清先生。

问：2011年，您根据张爱玲与您父母间的往来信件整理了《张爱玲私语录》一书出版。如果比较"张爱玲给宋淇与邝文美的信"和"张爱玲给夏志清的信"，二者之间有什么不同？

答：《张爱玲私语录》的前言说："选取的信札始于1955年张爱玲赴美，至1995年她逝世而止，涵盖了他们交往的各个时期,而所编选的内容都以反映彼此友情为主。"

相对来讲,张爱玲写给夏志清的信就没有太多友情,通常都只是出版计划、写作进度、文学评论等业务题目,加上一些公式化的问候。

问:无论是《张爱玲私语录》,还是《张爱玲给我的信》,张爱玲的信件后都加了按语。在书信集中,"按语"起到什么作用?

答:有些事只能靠当事人注解。为了帮助读者理解"张爱玲语录"的背景和相关典故,编者酌加了大量注释,不少注释很专业,有些"今典"如不加注,即使专门的研究者恐怕也会不明所以。通过注释,才会真正弄懂一些话。

夏志清定做的那篇小说就是《小团圆》

问:您决定出版《小团圆》一书后,曾经备受批评,当时您说"时间会让批评停止",如今,你是否较少听到批评之声了？

答：2009年，《小团圆》出版，立即雄霸了大陆与港台的畅销书榜首，确实罕见。我在2010年发表过一篇《我看，看张——书于张爱玲九十诞辰》，现在不妨沿用当时的说法，将出版后的读者反应分为"三波"表述。

第一波时，多数意见都是抗议出版，有人甚至连书也未看已抢着发言，更鼓吹罢买罢看，媒体乐得顺水推舟，于是有关评论便由负面看法及偏激情绪主导。吸取了出版《同学少年都不贱》的教训，我很庆幸自己在《小团圆》前言中交代了小说的历史背景，否则必定有各式各样的无稽猜测。

第二波时，人们终于看书了，小报式书评纷纷出笼，赶着考证"谁就是谁""谁又做过什么"之类。这阶段的论者以八卦趣味为焦点，问他作品的文学价值，他会答"毕竟新不如旧"，仿佛只要这么一说，娱乐报道就是文学批评了。至于第一波的反对声音，在这阶段已经无影无踪——你既然已反对出版，坚决罢看，还有什么好说的呢？他们显然没想清楚自己的前途。

第三波的特点，就是以理智为主导的细读，回到文本之上，探讨作者的技巧、评估《小团圆》在张爱玲整体著作中的地位等。当然，我不认为一切值得讨论的都已经讨论过了，我还期待着更多评论此书的文章。

问：夏志清先生与《小团圆》之间有怎样的故事？

答：1976年3月15日，张爱玲写信给夏志清："你定做的那篇小说就是《小团圆》，而且长达18万字。"1998年，那封信在《联合文学》登出来，夏志清当时加上了按语："但是看不到自己的旧信，我出了个什么主意，当然早已想不起来了。"

大家都必然想知那是个什么主意？

1976年4月4日，张爱玲写信给宋氏夫妇，"志清看了《〈张看〉自序》，来了封长信建议我写我祖父母与母亲的事，好在现在小说与传记不明分。我回信说，你定做的小说就是《小团圆》"。

原来真相是如此。

只要张爱玲喜欢何必要她一定住花园洋房

问：晚年的张爱玲，随着各种资料的解密，我们知道了她凄凉的晚景。有人觉得"女神"倒塌，有人为她的晚景唏嘘不已。可否为我们还原一下"晚年的张爱玲"？

答：外界有人看到这些描述就觉得张爱玲晚年很凄凉。我觉得，只要张爱玲自己喜欢，何必要求她一定要住花园洋房、坐跑车、养番狗、吃鲍参翅、穿名牌时装、携高贵手袋、戴钻戒、搞整容？就我所知，张爱玲在赖雅之后的感情生活应该是空白的。这也是无可厚非的，为什么一定要她有个伴侣呢？没有这些东西就一定很凄凉吗？

张爱玲究竟有多少钱？大概是 240 万港币左右。如果张爱玲当年带这笔存款回中国就是个百万富翁了。今天莫言拿到 100 万美元的诺贝尔文学奖金，还会给人取笑他在北京买不起一套房子，但在 1995 年，240 万港币在内地（或香港）不是一个小数目。

简介

宋以朗,宋淇和邝文美之子,张爱玲遗物的看护人。

(原载于2014年7月13日《深圳晚报》)

刘慈欣：我是一个作家，更是一个科幻迷

尽管早已是国内科幻文学界的领军人物，刘慈欣还是常常以"科幻迷"的身份打量自己。

他说："《三体》并不是一个真正的高峰，它能够被大家所熟知，也存在一些幸运因素。"刘慈欣与我的对话，坦诚、清醒，有一种站在峰顶的平静。

刘慈欣，应是科幻文学界被媒体追逐最多的作家。

他的《三体》系列被评为"放到国外也毫不逊色",2014年刚刚推出了《三体1》英文版,更早之前传出了《三体》被改编成电影的消息。对于一直边缘生存的科幻文学作家而言,刘慈欣的成功并不容易复制。

最糟的宇宙和最好的地球

问:就像您在《最糟的宇宙和最好的地球》一文中所写,"科幻文学长期处于边缘化状态,科幻小说的市场很小,只有一个很封闭的读者圈子。中国的科幻迷一直是一个顾影自怜的群体,他们一直认为自己生活在孤岛上,感到自己的世界不为别人所理解"。为何在这种情况下,开始创作科幻小说?

答:"文革"时期,我就开始大量阅读科幻小说,应该是中国第一代科幻迷,纯粹因为喜欢。20世纪80年代初,我开始创作,这是一件自然而然的事,没有什么特别原因。一开始写四五千字的短篇,后来才渐渐写长篇。80年代初,有一个科幻小说的高潮,但在

1983年就进入低潮,一直持续到90年代中期,科幻小说才逐渐复苏,这中间我的写作也有停顿。

问:您的成名作《三体》2006年在《科幻世界》上连载时,就备受关注。2008年、2010年先后出版了三部后,更被誉为"放到国外也毫不逊色"。可否给我们谈谈《三体》的创作过程?

答:《三体》出版之际,中国科幻界正处于焦虑和压抑之中。这时,科幻作家们正在为吸引科幻迷圈子外的读者做出巨大的努力。他们认为,要想吸引圈子外的读者并获得主流的承认,必须抛弃坎贝尔式的"科幻原教旨主义",提高科幻小说的现实性和文学性。

《三体》的前两部也体现了这种努力。第一部描写了"文革"的故事,在第二部中,在抗击外星侵略的近未来,中国仍处于现在的社会体制之下。这些,都是试图增加读者的现实感,为科幻的想象找到一个现实的依托和平台。也正因为如此,作者和出版商都对即将出版的《三体》的第三部失去了信心。

因为随着故事的发展,第三部不可能再与现实接轨，只能描写遥远的未来和更加遥远的宇宙，而这些，被认为是中国读者不感兴趣的。于是作者和出版商达成了一致意见，认为既然第三部不太可能取得市场上的成功，就干脆抛弃科幻圈外的读者，写成一部很纯的科幻小说，这也算是对身为铁杆科幻迷的作者的一个安慰。于是，第三部成为科学幻想的狂欢，描写了多维和二维世界，出现了人造的黑洞和小宇宙，故事在时间上一直到宇宙末日。但出乎作者和出版商的预料，正是只写给科幻迷看的第三部造就了《三体》的巨大成功。

问：您不只一次提过，克拉克对您的影响很大。这是一种怎样的影响？

答：是的。1981年，我参加高考的这一年，第一次读到了克拉克的经典之作《2001：太空漫游》，突然感到周围的一切都消失了，孤独地面对着这人类头脑无法把握的巨大的神秘，使我深深领略了科幻小说的力量。当时"文革"刚刚结束不久，人们能读到的大多数科幻作品是凡尔纳、威尔斯这样的古典科幻作品。所以，当克拉克的现代科幻作品到来的时候，似乎给中国科幻迷打开了一扇窗，带来了一种全新的感觉。

此后，克拉克就像一个始终摆脱不掉的存在，更让我产生了写科幻的念头，我的科幻文学创作就是从对克拉克的模仿开始。记得第一次参加《科幻世界》刊物举办的笔会时，带去了几篇作品，有评论家说，若这几篇作品署上克拉克的名字，也完全可以。克拉克的小说很符合大众心目中科幻的形式，科学幻想在他的小说中并不仅仅是一张皮，而是核心。他的作品呈现出广阔的视野、绚丽的想象力，还有深远的哲学思想。我曾经说过："我的所有作品都是对《2001：太空漫游》的拙劣模仿。科幻文学在此达到了一个顶峰，之后再也没有人能超越，即使是克拉克本人。"

《三体》打破科幻小说封闭的读者圈

问：今年，《三体》传出将推出英文版的消息，此后分三步在美国出版发行。有人评价：《三体》让我们首次做到了"科幻出口"。您怎样看待这种评价？

答：我并不认为取得了多大成功，也没有抱太大奢望。众所周知，美国是科幻文学的中心，对翻译作品有一种天然的轻视，美国读者的反应还是未知数，这只是一个开始。不仅科幻文学，中国主流文学在国外的境况也莫不如此。很多时候，某某的作品在国外出版，最后成了一个炫耀的资本，外国读者其实并不多。

问：《三体》被改编成电影，网友反应喜忧参半，喜的是经典科幻将被电影化，忧的是认为国内电影业没有能力拍好《三体》。还有人认为，您本人没有参与剧本的创作，也很难保证《三体》电影的质量，总有种《三体》被贱卖了的感觉。您觉得呢？

答：迄今为止，我没和《三体》电影团队的任何一人见过面，只和其中一人有过电话和邮件联系，因此不知道运作的具体情况。

《三体》的电影改编权，是在《三体3》出版之前签约转让的。当时，甚至没有人正眼看《三体》一眼，也没有太多的选择，当时的想法也简单，既然有人想买，就转让了。谁都没想到《三体3》会产生那么大的影响，很难讲后悔或不后悔。只希望《三体》电影能取得成功，我愿意尽可能地协助他们。

问：《三体》对中国科幻小说产生了哪些影响？

答：我并不想谦虚。自叶永烈的《小灵通漫游未来》之后，《三体》应该是另一个高峰，它打破了原来科幻小说封闭的读者圈。

这个影响力，不否认与内容有关系，但也有许多幸运因素。如果仅仅就作品论作品，从我一个"老科幻迷"的角度，我不认为《三体》是一个真正的高峰，文学创作者要时刻保持清醒。

科学反思应该持有基本的尊敬

问：目前，国内与国外的科幻小说，存在多大的差距？

答：这个问题要分两方面谈。首先，文学作品本身很难讲，特别是类型文学，文化背景不同，很难定量地评价差距。

其次，从受众群体、市场规模、科幻文化渗透等方面来看，我们与美国差得不是一点半点。例如国内发表过科幻小说的作者不少，但大多是写了一两篇不见了，长期把科幻文学创作当作事业的人，也就二十几个。

问：年轻一代科幻小说家的表现如何？

答：年轻的作家如飞氘、宝树等，近些年崭露头角。总体而言，年轻一代的特点是多元化，没有共同的风格。这与美国科幻黄金时代有很大区别，当时美国科幻作家都围绕在《惊险科幻小说》主编坎贝尔的周围，他们有一个共同的纲领。反观国内，科幻作家也围绕在《科幻世界》杂志周围，但每个人都有自己的纲领、自己的风格，这是一个很大的差异。

问：当下科幻小说创作，大多对科学技术持反思、悲观倾向。但您似乎一直比较乐观，您仍坚持之前的观点吗？

答：是的，我对科学仍然持一种乐观的态度。20世纪30至50年代，科学技术给人很深的期望和光明的未来。但自60年代之后，整个科幻文学领域开始了由乐观走向悲观、由光明走向黑暗的过程。更有甚者，开始对科学进行了妖魔化的描写。此外，从创作角度，描写"黑暗未来"可能更好写一些，更有创造的空间。

对科学的反思是应该的，但也应该保持基本的尊敬。科学就像粮食，吃多了当然有副作用，但完全抛弃它是不可能的。科幻创作应该在想象的世界中让大家看到科学之美，真正的科幻应该使人们感受到宇宙的宏大，应该让他们终有一天在下夜班的路上停下来，长久地仰望星空。

简介

刘慈欣，1963年6月生，中国电力投资公司高级工程师，中国作家协会会员，中国科普作家协会会员，中国新生代科幻小说的代表作家。代表作《三体》系列，包括《地球往事》《黑暗森林》和《死神永生》三部。2015年8月23日，凭借科幻小说《三体》获第73届世界科幻大会颁发的雨果奖最佳长篇小说奖，这是亚洲人首次获得雨果奖,也是中国科幻走出国门走向世界的重要一步。

(原载于 2014 年 8 月 2 日《深圳晚报》)

马家辉:"大叔控"是好东西,也是危险游戏

2014年8月,"人气大叔"马家辉又来深圳了,这次带来的新书是《大叔》和《小妹》。

马家辉是个很帅的大叔,很周到的朋友,更是有趣的作家,极好的采访对象。他来深圳之前,我发去采访提纲。他回邮件说,这问题提得太不像采访了。呵呵,可能是认识多年的缘故。

马家辉很贪心，出书都喜欢两本两本地出，比如之前的《江湖有事》与《爱恋无声》，《温柔的路途》与《暧昧的瞬间》，还有《明暗》和《日月》。这些书名，常常点中人们心头的死穴，从而有了购买的冲动。

马家辉自我调侃："可能我的书都不好卖，干脆一口气卖两本，多赚一点钱。"事实是，他的书非常好卖，上周日在深圳中心书城北区大台阶，等着他签名的读者排起了长龙。

然而，书这么好卖的马家辉却很会"哭穷"。他称自己是香港的"新贫穷阶级"，自己一人赚钱，要养老爸、老妈、妻子、女儿，要供房，要养车，还要经常请内地到港的朋友吃饭。可是，他养的车是一辆法拉利。

他的身上有幽默、可爱、不羁与一板一眼。哪一个才是真正的马家辉？他在接受专访时说，自己把对生活幸福的感觉都写在书里面了。好吧，那就开始读《大叔》和《小妹》，或者这篇专访吧。

无论什么年龄，都要有自己的"格"

问："大叔热"一直风靡万千少女之间，从"北京遇上西雅图"里温柔克制的大叔吴秀波，到《蜗居》里虽为反角但依然以稳重多情赢得诸多少女心的大叔宋思明。身为资深"大叔"，您怎样看待"大叔控"，新推出的《大叔》展现了怎样的"大叔"世界？

答："大叔控"是个好东西。如果你在青春岁月里不曾遇到大叔或者诱惑大叔，我替你感到抱歉，那必表示你太封闭、太懦弱、太胆小；可是，我仍有责任提醒一句，千万别沉溺于大叔，找一个大叔，吃饱了便走，因为那是危险的游戏，小妹妹，你伤不起。

《大叔》这个书名源起于《对照记@1963》，之后有了《我们仨@1963》《三生三世@1963》。我这个人尊重朋友，假如让我选择的话，我不会选择太文艺的，第一本叫《大叔》，杨照和胡洪侠都不同意，觉得是侮辱他们，他们都不承认自己是大叔。我心有不甘，有一些我自己觉得是好的主意，一有了就有了，还是会在我的心里，有机会就要把它做出来。

《小妹》是我和太太合写的。我太太以前也是记者，我们20多岁开始就是男女朋友，我那时候已经很想出一本跟她一起写的书，"小妹"也是我太太的小名，如今出的这本《小妹》收录最多的是与女儿有关的文字。这两本书的缘起就是这样。

问：可否给我们谈谈您的"大叔成长记"，告诉男孩们，怎样才能变成像您这样潇洒又帅的大叔？（笑）

答：过了50岁，我其实不觉得自己是大叔了，辈分应该再往上涨一涨。男人不要用"帅"字，而应该用"格"来形容。"格"最重要，什么年龄都要有自己的"格"。

问：50岁这个年龄节点，有什么特别的地方吗？

答：比较特别的地方是，我早就知道会有这种改变，可是没有想到这种改变的强度比我想象中的大，到了48岁、49岁感觉眼睛往前看，未来还有好多事情等待我去做。

可是一到了50岁，眼睛不是往前看了，好像要倒数，觉得50了，马上51、52，内地叫作奔6了，你就觉得是结账的时候了。就要回看以前做了什么，对不起谁，要赶快把这些事情处理掉，该道歉的道歉，该赔钱的赔钱……

就像那句很文艺腔的话，用减法过日子。以前是加法，现在是减法——什么可以不做，什么需要做。

我可能会写一本书，教年轻人怎样谈恋爱

问：在《小妹》一书中，能看到被"部分还原"的家庭生活。在家里，您的地位怎样？是在两个"小妹"之上，还是之下？

答：她们都很迁就我，纵容我。我们一家人都蛮"变态"的，周末常做的事就是一人捧着一本书，在家里的三个角落看书。大"小妹"和小"小妹"都不太爱讲话，我是家里最能讲话的那个，是家里的时事评论员。我们没有互相批评的习惯，她们特别受不了我的时候，就是"对视一眼"而已。因为她们的包容，所以我才像这样放肆。

问：自从您太太张家瑜的《我开始轻视语言》之后，人们都说，马家辉的太太比他的文字好多了。您认同吗？（笑）

答：第一个这样说的是梁文道。我不知道，你们为什么都那么容易相信他说的话。（笑）我太太的作品当然比我好了，因为她是台湾最后一代女文青。

她小的时候住在台湾花莲乡下，15岁就读完了但丁的《神曲》。她当时买书都是要先去邮局把钱邮给出版社，然后再等两个礼拜，等书来。这个过程那么慢，那么美，她的文笔比我好，太理所当然了。

不过，我太太是不会同意这个说法的，她不会说"自己的文字比马家辉的好"。从这句谎言可以看出她多么爱我。

问：在您其他的书与您的专栏中，都能感受到你非常喜欢，乃至沉溺于父亲这个角色，对父亲们有什么建议？

答：无论是男孩还是女孩，一个人是很难符合父母亲的期待的。不管什么样的人，生命中总会有高低起伏。

假如让我给父亲们什么建议，我说一点，要培养孩子一个乐观的性格。有了乐观的性格，就等于有了一笔财富。

问：您的女儿已经21岁了，如果她谈恋爱了，您会吃醋吗？

答：我最担心的是她没有恋爱可以谈。个人觉得，谈恋爱也好，性也好，都是很好的经验，当然女孩要注意保护自己。她现在还没有男朋友，我再给她3年时间，如果还没有男朋友，或许我就帮她找了。

中国父母，常常对孩子缺乏三个方面的教育。一是理财，二是恋爱，三就是性教育。以后，我可能会写一本书，专门教年轻人怎样谈恋爱。

长篇小说《龙头凤尾》，关注香港黑社会性质组织

问：发现您的书都喜欢两本两本地出，很高产啊，您的创作力似乎比惯性还要强大。这和您的生活方式有关吗？

答：对，跟我的习惯，也跟责任有关，我从19岁就开始写专栏,所以习惯了,我也没有什么其他的嗜好,基本上很作践自己的身体。我不常运动,也不太爱吃东西,吃饭很简单,唯一生活上面的习惯——我是英国殖民时代长大的,我是"殖民余孽",我们"殖民余孽"每天最好的快乐时光,就是每天忙到5点多,我会开车去一家小小的外国人的酒吧,一个人坐在那里喝酒,然后才回家吃晚饭。

我们感觉白天的时间属于办公室、学生、同事、朋友,晚上回家的时间是属于老婆和小孩的,只有那一个钟头是属于我这个男人的,那是我的,谁都不要来打搅我。

其他的就是每天的基本动作,看书写作,我通常忙到晚上12点,就上床再看两个钟头的书,通常2点多睡觉,有时候书很吸引我,我就继续看下去,我的睡眠永远长期不足,你说这是多产,也是责任,当你要写一些专栏,你就一定要交功课。所以你换一个角度看,不是我写字太多,只是因为我口袋里面的钞票太少。

问：您的每一本书，书名都很有意思，比如《爱上几个人渣》《关于岁月的隐秘情事》……您是不是对书名有独特的触觉？

答：我是有些怪癖的，对书名蛮上瘾的。常常先有书名，然后再有书的内容。比如2007年出版的《死在这里也不错》，后来的《我们已经走投无路》等，都是这样。

问：听说您在写一部长篇小说，可不可以先给我们透露一下，是什么题材？

答：过去20年我一直写散文、写评论，但文学里面，处于金字塔顶尖位置的是诗歌与小说，所以，写小说是认真的挑战。

我计划写一部12万字的小说，关注20世纪30年代至60年代的香港黑社会性质组织。我是在香港湾仔长大的，总觉得欠那些个地方一个故事，这部小说可能叫《金盆洗》（注：即后来出版的《龙头凤尾》）。应该是明年，马家辉想以小说家的身份与大家见面。

简介

马家辉,生于香港,湾仔长大,台湾大学心理学系学士,美国芝加哥大学社会科学硕士,美国威斯康星大学社会学博士,香港传媒人、作家、文化评论学者。

(原载于 2014 年 8 月 10 日《深圳晚报》)

杨炼：我铸造一动不动的诗歌之点

用 E-mail 联系上杨炼先生的时候，他正准备出发去瑞士。他说："我要在冰川上朗诵诗歌。"杨炼朗诵诗歌的地点常常这样神奇——比如在意大利卡普里岛 Macerata（马切拉塔）音乐节的舞台之上，在澳大利亚阿德莱德艺术节的露天大棚里……他带着中文诗歌，行走世界。

我们互加了微信，杨炼对照我的采访提纲，逐条用语音回复。我们对着手机说了一个多小时，他自嘲，这是行为艺术吗？采访结束，回听自己的声音，他笑了："我一认真，声音就像机器。"的确，曾听过杨炼现场朗诵诗歌的人都知道，当与诗在一起的时候，他才是最真实的杨炼。

最初，我们所知道的杨炼是一位朦胧诗人，那首著名的《大雁塔》至今常有人提起。杨炼曾与北岛、食指、顾城、舒婷、芒克等诗人，为《今天》杂志打下深刻的烙印。20世纪80年代末，杨炼离开中国，开始了他的世界性写作生涯，足迹遍及欧、美、澳洲各个角落。

当杨炼在世界不断地"出发"与"返回"时，在国内的我们常常能读到他的新诗，比如《同心圆》，比如《大海停止之处》，比如《叙事诗》。2014年，杨炼的又一部新诗集《饕餮之问》在国内出版。本次专访，正是因新诗集而起。

朦胧诗只是非常肤浅的起点

问：介绍一下新诗集《饕餮之问》好吗？

答：《饕餮之问》是我最新出版的一部新作集，包括三个部分。第一部分是精选的过去的组诗，其中贯穿了我对诗歌"智力的空间"意识。第二部分是过去两年间，我所写的最新短诗和最新组诗，总题为《饕餮之问》。第三部分是我翻译的世界各国诗人的诗歌。

对于我这一代诗人，写作 30 多年之后，拿出一部有一定厚度的创作总集不难，但是拿出一部新作集要难得多，而拿出一部在美学上、思想上都和过去作品拉开距离的新作集要更加困难。

《饕餮之问》继承了中国古典诗歌对于形式的极端精美的追求，同时在对诗歌形式极度讲究的基础上，挖掘人的精神困境的深度。饕餮包含的"贪婪、欲望"的意义，在这里被应用于"问"的这个动作，表达诗人对于精神生存的无止境追问。

问：不知您现在身居何处，可否介绍一下近况？

答：自 1997 年起，我和我的妻子在伦敦住了 15 年。2012 年之后，我们住在柏林，直至现在。伦敦和柏林都是我思想和写作的基地。

简单地说，柏林和伦敦是我生活的港口，不停地让我从这儿出发，又不停地让我返回。而不管是出发和返回，都可以用我的一句诗"眺望自己出海"来概括，是在拓展内心的旅程。

问：北岛、杨炼、食指、顾城、舒婷、江河、芒克……在20世纪70年代末到80年代初打下深刻的"朦胧诗"烙印，以至于今天，人们仍会称您为"朦胧诗代表人物"，您怎样看待这个标签？

答：我并不太看重朦胧诗人这个标签。因为，这个世界上已经有足够多的标签，出现过，然后被忘记了，"朦胧诗"这3个字还算幸运。我们的脚曾经踩在一片荒原上，不管脚印多么幼稚，仍然带有一种先锋的作用，从而成为一个历史的标志。

但同时，我们也应该记住，朦胧诗只是一个非常肤浅的起点。如果把人生的起点误以为是终点，只能让我们人生旅程变得非常短促和可怜。我自己非常高兴，早早离开这个标签，开始了我自己的旅程。

我始终是全球意义的中文诗人

问：20世纪80年代后期，您开始了旅居的生活。从澳大利亚到新西兰，到美国，到德国，再到英国，"漂泊"之于您意味着什么？

答：我确实曾经周游世界，而且现在还在周游世界。一方面，我的身体在不停地移动，但另一方面，也可以说我是一动不动，因为所有这种旅行都转化为我对内心的追问和诗歌的深度，在这个意义上，我从来没有改变位置。

我通过铸造这个一动不动诗歌之点，衔接了杜甫、屈原、但丁、奥维德，所有这些诗人的杰作和流亡命运，也都在这个诗歌之点上，不停深化它。以诗歌承载人之处境，且唯美的超越，是我们的天命。我主动选择了漂泊，这个选择，包含了出走，也包含了返回。我曾经离散于中国，但从来不曾离散于中文，我始终是一个全球意义的中文诗人。

问：您虽然多年旅居国外，但诗歌在国内却从未"空缺"，您看重自己的诗歌在祖国的存在吗？

答：我事实上很看重。我以"内在者"的身份，不停参与当下的中文创作；同时又作为中文"外在者"，从国际审视发生在中文之内的状况。在这个双重视角之下，我能保持一种清醒。

当代中国文学的最大弊端，就是人们关在国界之内，关在语言的边界之内。在一种极度喧嚣但是极度肤浅的状况中，通过团伙似的互相追捧，达到一种自我满足。但很多这种喧嚣迈出国门一寸远，就立刻显出了它们的空洞和无意义。

问：三十多年来，您一直站在当代诗歌的前端，敲击出诗歌的种种可能性。是什么让您保持着创作的生命力？

答：我很喜欢这个问题。"敲击出诗歌的种种可能性"，这个语句本身已经包含了另外一个词"不可能"。对于诗人来说，每个诗句都是"不可能"，下一个句子恰恰都要从"不可能"开始。

我的创作生命力来自对各种层次的"不可能"的认识。我的每一部作品，必须构成一个向前深化、向前递进的阶段，我希望用这样的方式，来验证一次一次对不可能的认识，同时验证我一次一次从不可能开始的能量。

问：《今天》杂志在2013年进入了100期，您如何评价过去的《今天》和现在的《今天》？

答：《今天》在当代中文诗的历史上，是重要的，或者是最重要的杂志。《今天》的作者，抛弃了大而空的政治词汇，回返到土地，太阳，生命，死亡，河流，等等。《今天》之后，诗不再是和非诗进行争夺，而是诗歌和其他诗歌之间的竞争。从《今天》开始，一个当代中文诗的传统建立起来了。

我们需要一种杂志，能够呈现出当代的深度，具有突破性和挑战性。对于《今天》的今天，是否具有这样的含义，我表示存疑。当然这不关我的事。

问：谈谈您眼中的北岛先生可以吗？

答：北岛先生已经写作很长时间了，作品出版了不少，也被翻译成不少的语言。我看一个诗人，不看他的名声，也不看他写作的历史的长度，而是看他在文学里走出的旅程和距离。在这个方面，我希望看到北岛先生更有深度、更有分量的作品。

直到最近，我才听说，非常著名的《今天》杂志的名称是芒克起的。《今天》杂志最有影响力的诗歌，也是当年芒克作为诗歌编辑主持的。北岛一直作为《今天》的代言人和代表者，只是《今天》的一个方面，北岛先生现在应该凭借自己的文学质量在世界上存在，这是我的期待。

诗歌是我们唯一的母语

问：2012年，您荣获意大利诺尼诺国际文学奖。2014年，荣获意大利著名的"卡普里国际诗歌奖"。您是否努力"将汉语诗歌的独创性展现给世界"？

答：我当然看重"将汉语诗歌的独创性展现给世界"。中文诗人在国际上获奖，特别是获得拥有纯粹文学含义的国际奖项,是一件很好的事情,也是一件很新的事情。"冷战"时期,政治的观念代替了文学的观念,文学遭遇了被"简单化"的厄运。"冷战"结束之后,这样的"幸运"对于中国作家越来越少了。我认为这是一个好的转变。表面的、肤浅的标准越崩溃,深化的、深刻的文学的性质才被凸显。

问:诗人与当代的关系,是不是在所有文学样式中最为密切?诗人应该如何在当代自处或影响当代?

答:艾略特曾经说过,小说可以处理虚构,诗歌却必须面对现实。我认为,艾略特直接抓住了要害。因为诗歌不能是任何其他的东西,它只能直接抓住诗人的内心、诗人活生生甚至血淋淋的经验。诗人不可能装饰自己,伪造一个自我。

好的诗歌,就是在给整个时代把脉,诗歌是我们唯一的母语。无论哪一个诗句,只要还能感动你,它就是当下的,它也就是用你自己的语言写下的,在这个意义上,我们都汇合到了一起。

简介

杨炼,朦胧诗代表诗人之一。因积极参与世界文学、艺术及学术活动,被称为"当代中国文学最具代表性的声音之一"。

(原载于 2014 年 8 月 24 日《深圳晚报》)

江晓原：科学就是我们厨房里的一把切菜刀

江晓原是那种能把深奥的大道理，讲得特别有趣的学者。无论读他的书，还是听他聊天，你的大脑都丝毫没有跑题儿的机会。

一周的时间，我边读江晓原先生的新书《科学外史Ⅱ》，边补看他推荐的电影《黑客帝国》（他自己看过5遍），对机器的恐惧从脚底袭来，之前对科学的盲目崇拜,越来越像《黑客帝国》里"机器人给人类制造的梦境"。

当众多科学家为转基因主粮、核电等鼓吹站台时,江晓原的声音,就像一个带有疼痛感的呼唤——科学的真面目是什么?我们委屈"转基因主粮"了吗?核电真的安全吗?……这些均可以在《科学外史Ⅱ》中找到江晓原清醒的反思。

不要永远跪倒在科学面前

问:这部《科学外史Ⅱ》,与2013年的《科学外史》相比,有哪些不同?

答:《科学外史》和《科学外史Ⅱ》均是《新发现》杂志上的专栏文章结集。也许有读者会以为,现在这本《科学外史Ⅱ》,是不是和电影得了奖或有了票房之后就拍续集那样,出版社和我看见《科学外史》得了首届(2013)年度"中国好书""第十三届上海图书奖一等奖"等诸多奖项,就乘势再出续集?其实并非如此。

事实上，我将《科学外史》定稿交给出版社时，《科学外史Ⅱ》已经在我的电脑上编好了。由于这一年我继续在写《新发现》杂志上的《科学外史》专栏，所以写作《科学外史Ⅱ》时，自然就在原稿上增加了12篇。

我有意把思想性更强、论战色彩更浓的篇章，放到了《科学外史Ⅱ》中。出于两个考虑：一是想让读者在接受激进的观点时，有个循序渐进的过程。二是人们常以为书的续篇与拍电影一样，第2部总不如第1部，但我故意把一些自认为更好的放在第2部，来平衡一下这种先入为主的感觉。

问：《科学外史》这个"外"字，高度开放，可以涵盖一切与科学相关的事情。您当初定下这个专栏名（即后来的书名），是不是看中了它的"开放度"？

答：我已经给《新发现》杂志写了9年的专栏，当初就将专栏取名"科学外史"。

用"科学外史"这个名字，真有些意想不到的好处。正如你所说，这个名字高度开放，可以容纳几乎一切与科学有关的事情、人物、概念，它允许作者在许许多多迥然不同的场景中随意跳转，选择话题，这非常有助于本书内容的多样性和趣味性。

问：我们现在还需要"科普"吗？如果需要，我们需要怎样的"科普"？

答：我们当然需要科普，但我们需要新科普。什么是新科普？以前，旧科普主要是对科学知识的具体解释，这个不该排斥，仍可作为新科普中的一部分。

但新科普要做两件事：一是拓展内容。以前只讲科学知识本身，不会讲科学技术的负面价值。二是要改变自己的立场和目光，不要永远跪倒在科学面前。

被利益绑架的"转基因主粮"

问：您用了很多篇幅讨论转基因。可否在这里简略谈谈您对"转基因"的态度？

答：我强调一下，"转基因技术"和"转基因主粮"是两个截然不同的概念。在实验室里研究"转基因技术"

当然是应该的，现在我们争议的是"转基因主粮"。

现阶段推广"转基因主粮"，其动机是可疑的。"转基因主粮"的安全性不仅存在争议，而且隐含着很多外国资本的商业利益，如孟山都公司、拜耳公司、先锋公司等都有大量相关专利。一旦你大规模推广，国外公司可能就来找你算账了。

所以，为何要拿中国人民的健康当赌注，来满足外国资本对商业利益的追求呢？据我所知，那些企图在中国推广"转基因主粮"的人，都不敢谈利益格局。退一万步讲，即使"转基因主粮"是安全的，我们也不该被外国资本对商业利益的追求绑架。科学家爱钱不是不可以，但要把爱祖国、爱人民放在前面。

问：您在书中，讨论了核电站的致命问题。其中，引用了平井宪夫《核电员工最后遗言》的例子：有一次运行中的核电机组一个位于高辐射区的螺栓松了，为了拧紧这个螺栓，动用了160人次，费用高达400万日元。平井宪夫指出：核电站无论设计多么合理，理论上多么可靠，在实际施工和维护时总是难以绝对保证质量。

您能具体谈谈吗？

答：核电站不安全的大的例子，目前就能找到3个，如切尔诺贝利核电站事故、三里岛核电站事故，以及福岛核电站事故。

平井宪夫指出的这点，说到底，是一个人性的问题。无论图纸上设计得有多好，现场总是人去施工的。核电站在运行中，人难免要在核辐射的环境中去维护，无法真正安心工作，纸上设计的东西，并不能百分之百实现。平井宪夫本人就是核电技师，在50多岁时因癌症去世。他在去世前几年，加入了"反核"运动。

当今世界，有鼓吹核电的国家，也有国家对核电保持谨慎，乃至悲观态度。例如德国，已经有明确的时间表，要把境内所有核电站都关掉。同时，美国也已经很久没有上马新的核电工程了。

问：读罢书，对我触动最大的是，科学很多时候成了"劫持我们"的借口。如此荒谬的悖论，如何才能打破？

答：是的，比如有人故意把"推广转基因主粮"和

"研究转基因技术"混淆,来劫持公众和官员。我想问一个问题:科学是什么?

科学是手段,不是目的。"国家富强,人民幸福。"这八个字是我们的最终目标,任何手段,都是为了追求这8个字。不要以为发展科学是天经定义的,如果发展科学有害,为什么不停下来呢?

打个比方,科学就是我们厨房里的一把切菜刀。没有切菜刀,无法做菜;但切菜刀也是可以杀人的,应该管理好。曾有记者问我:"您对转基因主粮的态度,会不会让它受委屈呢?"我是这样回答的:"转基因主粮归根到底是商品。为了让人民健康得到保障,为了不被外国资本的商业利益绑架,委屈了一些商品又有什么要紧呢?"

《黑客帝国》是难以逾越的高峰

问:现在的科幻写作、影视创作,对科学的态度大多是"反思""悲观",有人说,这样描述科幻是因为"黑暗的故事更好编"。为何会出现这样集体反思及黑暗景象呢?

答:首先是因为国际潮流,发达国家已经更早地意识到科学技术的负面价值。对科学技术进行反思,科幻作品是目前能想到的最好途径,倒不是"黑暗的故事更好编"。

自20世纪90年代以来,国内科幻作品创作者也开始与国际接轨,普遍出现了反思潮流。这种反思不会妨碍科学技术的发达,对我们社会也是有益处的。

问:除了您,国内持"反科学主义"纲领的学者多吗?在国际上是什么状况?

答:反科学主义者做的事情,就是反思科学。在国外,无论是大众媒体还是学术界,反思科学都是相当普遍的。

和西方相比,自觉对科学反思的中国学者,还是很少的,目前活跃的只有一小群学者,主要集中在北大、清华、上海交大、北京师范大学等重点高校。不过,这一小群学者的影响力还是相当大的,远远超过人数的比例。

问：《黑客帝国》能够让您看5遍的魔力是什么？给观众推荐几部科幻电影好吗？

答：我看的5遍，是3部连看5遍。还有一部《黑客帝国》卡通版，也看了3遍。过段时间，突然起个兴，便又要看《黑客帝国》了。

科幻电影出现以来，最成功的就是《黑客帝国》，它是难以逾越的高峰，真正做到商业和思想的完美结合，涉及了一系列经典科幻主题。比方说，"世界的真实性"，这是经典哲学问题；比方说，哲学家提出的思想实验"瓶中脑"；比方说，此前很多科幻电影讨论过的"记忆植入"；比方说，科幻界的经典主题"机器人对人类的反叛"。它把那么多经典主题都放入这个片子，天衣无缝，行云流水，而且还有故事，有打斗，有爱情，有中国功夫，要追车有追车，要爆破有爆破，好看的商业元素十足。

推荐几部我自己比较喜欢的科幻电影：沃卓斯基兄弟的《V字仇杀队》，这是典型的反乌托邦电影。虽然拍在《黑客帝国》之后,但剧本在它之前。另一部推荐《银翼杀手》,尽管它票房不好,但是科幻电影的无上经典,地位和《2001:太空漫步》一样,对了,这部也要推荐。还有一部1999年推出的《13楼》,我挺喜欢,它讨论了一个跟《黑客帝国》类似的故事。

问:书简介上说,《科学外史》将科学从人们盲目迷信和崇拜的神坛上请了下来,还其应有面目。对于科学,今人该持什么态度?

答:为什么我们现在要提出,科学是一把切菜刀呢?科学在人类历史发展的不同阶段,扮演的角色是不一样的。如果我生活在18、19世纪,也许就不会提出这个说法了。那时科学的正面作用还非常明显,公众对科学的热爱崇拜不仅可以理解,在当时也是无害的。

但是现在,科学已经告别了纯真年代。科学和资本密切结合在了一起,甚至成为资本增值的帮凶。应该像中国科学院原院长路甬祥说的那样——要用法律和伦理道德来规范科学。

这个时候,强调科学是把切菜刀,为的是让大家不再盲目崇拜。这种对科学没有戒心的盲目崇拜，搞不好会伤害人类自己。正如一把切菜刀，自己用不好会受伤，被坏人拿了，还会用它杀人。

简介

江晓原，1955年生，上海交通大学科学史系主任、教授、博士生导师。

（原载于2014年11月9日《深圳晚报》）

笛安：我只是迷恋如何讲好一个故事

笛安比我想象中鲜艳明亮，这与她制造的一个个冷静、克制的故事有些反差。2014年12月的一个周末，她带着自己的新作《南方有令秧》出现在深圳南山书城。与以前着笔于青春题材不同，笛安这次写的是一部长篇历史小说，讲了一个节妇用一生追求贞节牌坊的故事，背景放在了明朝万历年间。

以"80后作家"身份出道，也常常被人提起她的名作家父亲李锐和母亲蒋韵，没用10年，笛安让人们渐渐忘记了这两个标签。更奇怪的是，她赢得了很少表扬"80后"的老一辈文学名家的青睐，如苏童、韩少功、刘恒等。苏童曾不吝对笛安的褒奖："必须承认，年轻的笛安的叙述能力超出我的预料，甚至超出我的智商。"

记得第一次读笛安的小说《西决》，我也是被她语言的"丰富性"吸引，她不动声色的叙述中隐含着一种惊心动魄。这种感觉在专访笛安时找到了答案，她说："我一直在努力构筑一个自己的世界，而这个世界的基础就是'如何讲好一个故事'。"

前辈们在写"我们" 我们在写"我"

问：记得 2009 年，我采访你，那时你刚崭露头角，避免不了常被人们把你和父亲李锐、母亲蒋韵联系在一起。如今，人们已经渐渐忘记了"名作家父母"这个标签，而记住了笛安你。这个标签的带来与撕去，对你产生过什么困惑和影响吗？

答：如果大家觉得这个标签已经撕去，那真的太开心了。曾经我也觉得还是顺其自然比较好，因为只要我一直坚持写，并且一直在进步的话，总有一天读者只会记得我是这部作品或者那部作品的作者。我不会太过分地在乎这些。

问：还是继续问一个与父母有关的问题：李锐老师和蒋韵老师，如今怎么评价你的写作？对你的工作和生活，他们是尊重的比重大，还是干预的成分多？

答：肯定是尊重的比重大——准确地说孩子这么大了也管不了了。对于我今天的写作，其实他们还是认可我这些年的进步的。只不过我爸爸觉得令秧最后不该和唐璞谈恋爱。呵呵，这种差异估计是不好调和的吧。

问：你的叙述能力常常超出读者预料，这样的语言风格是和家庭熏陶有关，还是你天然的文字属性？

答：我觉得家庭最多熏陶出来人对某样事情的兴趣或者品位，但是风格，尤其是叙述风格的养成则是更复杂的一件事。因为风格首先是一个人说话的语气，这个跟很多方面都有关，比如性格，原生家庭或许是很重要的一个因素，但肯定不是全部。

问："80后"在人们心中，曾经是新生一代。如今，也不年轻了。想知道，你如何评价你们这一代作家的被发现与成长，随着年龄增长，你们会与"50后""60后""70后"等前辈，走出怎样不同的写作之路？

答：就从我个人的经验来说，我不怎么了解"70后"作家，但是接触过一些50年代的作家前辈们。我在很多场合谈过这个问题，我觉得前辈们的写作里，大多数潜藏的那个主语是"我们"，也许王朔是个例外，但是对于年轻作家，写作中个人化的倾向比较明显，在写"我"。

对于我个人而言，我非常迷恋如何讲好一个故事。曾有一个评论家掏心掏肺地对我说："笛安，作为一个作家是不能那么在乎故事的。"我尊重每种文学理念，但我一直觉得，讲好一个故事是小说的首要任务。

我跟闺蜜不抢男人　永远同仇敌忾地互相取暖

问：读完《南方有令秧》，觉得你选择明朝"节妇"这个题材，和你反差实在太大。能否谈谈做这个选择的初衷？

答：这个——当初就是突然想到，如果一个女人迫切地想要贞节牌坊会是一种怎样的情境？牌坊有一个如此被动的象征，但是若是这个女人非常主动地把它当成一个追求，这里面应该是特别有张力的，就是这种张力吸引着我去写。

问：为何把这个故事放在明代万历年间？万历，的确是我们今天回顾明朝时，常常被关注的一个时期。

答：因为对于中国历史来说，可能很多人把万历年间视为中国古代史的一个拐点，至少有很多新鲜的东西出现在中国了。而晚明又有一种比较特别的文化氛围。对我来说可能是我看过黄仁宇先生的《万历十五年》，曾经觉得以这本书为纲，去查找一些资料比较容易些，所以就定在万历年了。至于为何在明代，因为明清的确是盛产贞洁烈妇的时候。选择明代也是因为我比较喜欢明朝人的衣服。

问：第一次尝试历史题材，与写《西决》《东霓》那样的青春题材相比，对你而言，难度是什么？

答：现代题材肯定要容易些，因为是运用生活里最直接的材料进行想象，而历史题材要运用自己刚刚学到的知识来进行想象，构筑人物之间产生冲突的情境。这种想象进行起来略微困难。但是人和人之间，喜怒哀乐，心领神会的眼神和氛围，却是古今相通的，当我写习惯了以后，关注的重点就渐渐转移到了那些与今天共同的部分上面了。

问：虽是节妇，令秧身上仍然被注入了很强的现代意识，在那个时代，显得格格不入，与众不同，可以说是个"非主流的"女人，最后却受到朝廷旌表，得了牌坊。这其中有些荒谬，你有刻意制造这种荒谬感吗？

答：对。因为反差能制造强烈的戏剧性。

问：除了男女主角，你着笔墨最多的是庭院里女人的关系。说实话，让人耳目一新，没有了言情剧里女人的钩心斗角，感觉个个都活得很自我、纯粹。这样的关系设计，是出于你自己对女性关系的理解吗？

答：是吧，其实我和我周围的女性朋友们就是这样的。电视剧里女人钩心斗角都是为了抢男人，可我跟闺蜜之间不抢男人，永远同仇敌忾地互相取暖。

写小说更像私生活　做杂志主编完全是工作

问：苏童、韩少功等老一辈作家，对你的写作评价颇高。如苏童曾说，他一时无法判断是怎么被你的小说所吸引的……"她的文字或跑跳，或散步，极具自信心，有耐性，也有爆发力……一切都显得行云流水，而且心想事成。"对于新一代，老一辈作家的眼光常常是比较挑剔的，你觉得自己如何跨越了这挑剔的界限、年代的鸿沟？

答：这个——我自己不好说，要问他们……吧。

问：从写青春经验的《西决》，到今天历史题材的《南方有令秧》，你的下一部作品会尝试什么题材？你对自己未来的写作，有规划吗？还是想到哪儿，写到哪儿？

答：我眼下还没有想得很清楚。一直都想尝试写一个罪案题材的小说，可是我不知道是否能写好。一般情况下一段时间内我会有至少两个想法，但是会有一个更强烈的吸引我。我不会提前几年做一个规划说我要写什么，因为想法是会改变的。

问：除了作家，你还是《文艺风赏》杂志的主编。两种身份有什么不同？

答：完全不一样，其实写小说更像是私生活，做主编完全是一个社会化的工作。要求的特质也是不一样的。《文艺风赏》想要传递的其实是一种态度，不完全是文学，态度则是我们做给一群愿意以审美的眼光看待人生的人看的，并且愿意塑造一种新的审美观出来。

问：谈谈平时的生活吧。除了写作、编杂志，你最大的爱好是什么？平时读书，最喜欢的国内外作家和作品有哪些？

答：看电影，去电影院看，如果能看上首映就更好，永远喜欢放映厅里黑灯的那一瞬间。最近非常喜欢的一个作家是林芙美子,她的《浮云》写得真好。

简介

笛安,1983年生于山西太原。作家,《文艺风赏》杂志主编,著名作家李锐和蒋韵之女。代表作有《告别天堂》《妩媚航班》和"龙城三部曲"(《西决》《东霓》《南音》)等。

(原载于2014年12月20日《深圳晚报》)

飞白：老人出海，一不小心就容易跑得太远

翻译家飞白的父亲是著名现代诗人汪静之，其父20多岁出版的诗集《蕙的风》曾得到鲁迅、胡适的极力赞赏，但飞白并未像父亲那样成为诗人，而是成为了翻译诗歌的人。

近日，飞白先生的译著《法国名家诗选》由深圳海天出版社出版。《深圳晚报》记者借此专访飞白，谈新书，

谈翻译，谈他30多年高校从教生涯……

这位86岁老翻译家的人生经历，足以构成一部大书。在部队待了30年，1980年回到浙江大学任教，直到80岁宣布"下课"，81岁送出最后一批研究生。连续工作62年后，2011年才静下心来归拢整理长期积累的译稿和论述文字。老人对我的问题的回答认真而富有诗性，很喜欢他的这句话："老人出海，一不小心就容易跑得太远。"

我是一个诗海漂泊者　对每个优美海域都舍不得错过

问：法国诗歌在国内版本众多，《法国名家诗选》对诗歌的选择上，有什么特点？

答：我是一个诗海漂泊者，对世界诗的每个优美海域都舍不得错过，尤其是法国诗，从小就植根在我的潜意识中。我本来小名叫阿波，上小学的学名叫汪志波，那个"波"字是法国诗人波德莱尔的缩写。——在我出生的时代，我的父母怀着"五四"退潮后深深的忧伤与苦闷，因酷爱波德莱尔的诗而给我起了这个名字，而按族谱我属"志"字辈，学名叫"志波"倒暗合了我日后远航诗海的方向。

由于一生奔忙，我译的诗虽多但分散，从未集中系统地介绍哪一个国家的诗歌成就。此次海天为我编成这本《法国名家诗选》弥补了我的一个遗憾，使我深为感激和惶恐。

这部诗选，是在20年前出版的《世界诗库》（法文卷）的基础上，由伟川帮助修订、增补而成。在选题上，我们注意收入一些重要但往往被忽略的诗人，或一些著名但还没有译文的作品，如16世纪的塞夫、拉贝，17和18世纪的帕尔尼、爱尔弥特，19世纪的瓦尔莫、拉福格等。我们的努力是想全面忠实地反映法国诗从古到今的全貌，不过由于版权的关系，20世纪中后期的诗人选得较少。

这本集子的又一特点是译诗和评介文互相配合，对诗诞生的背景、诗的特色和诗人本身都作了介绍和点评。前言作为一篇总论，加上书中这些评介文字，可以作为一部法国诗歌简史来读。

问：飞白老师出身于文学世家，当初促使你走上诗歌翻译道路的是父亲汪静之吗？

答：五四运动后不久，家父汪静之出版新诗集《蕙的风》，因发出个性解放、恋爱自由的呼声而遭到守旧派猛烈攻击，亏得鲁迅等大师著文参加论战，保护了青年诗人。当时，鲁迅还教导家父说，写新诗要借鉴外国诗，要多读拜伦、雪莱、海涅等外国诗人的作品。为了读外国诗（当时外国诗几乎还没有翻译）我爸就到上海去读英文学校，惜因经济困难半途而废。他因自己没完成任务，便把鲁迅交代的任务传给了我，当我考浙大时他要我一定要报考外文系。

我爸的用意并非要我做翻译，而是要我当诗人，但他的耳提面命造成了我的逆反，坚决不走"家传"诗人的路。这样，我对诗的爱好后来就导向译诗了。

历史没有"假设" 也没有"遗憾"的位置

问：您后来选择了"投笔从戎",在部队一待就是30年,直到1980年,回到浙江大学中文系执教。如何评价这段人生经历?

答：我上浙大正逢解放战争时期,一上大学就卷入了学生民主运动,并在杭州解放时参加革命队伍,辗转南下来到广州军区。当时身在革命高潮中放弃了文学,但离别诗歌几年之后我就又拣起来了,成了一个没有业余时间的业余译诗者。

在风尘仆仆的行军途中或指挥车上,我只能点点滴滴译诗,有许多心仪的诗歌名作都来不及译。虽遗憾,但恐怕也不能说是遗憾,因为历史没有"假设",也没有"遗憾"的位置。

在解放战争大背景下投笔从戎是我的选择,——"金黄的林中有两条岔路,不能两条都走",而"路是连着路的",这一走就走出了一生的航迹,包括我的全部生活体验,包括我作为诗海漫游者的面貌,包括"我深爱'行到水穷处，坐看云起时'的自由，也深爱'我无地可枕我的头'的不自由"的性格，也包括我基于听力强调音律的译诗风格（这是由于我译诗全凭记忆口译而不能在纸面上进行的缘故）。

问：在30多年的高校从教生涯中，老师培养了很多学生，如吴笛、张德明、潘一禾、胡小跃等中青年学者、翻译家。对年青一代，您怎么评价？

答：我和我曾经指导的学生不仅是一度的师生关系，也是志趣相投的文友，他们都曾给过我许多帮助。他们之中几乎每一位都有一部感人的奋斗史。如小跃毕业时，独自闯荡深圳就经历了无数坎坷，这位学法国诗的硕士起初到处碰壁，直到他既不敢说是硕士也不敢说是法语专业，才算找到一份在工地上为德国人做英语翻译的差事。那时有几个人能预见他今天在国内和国际上的成就和声誉？在这种坚毅执着的精神上他们和我是相通的。

近一年来小跃回深圳也为中法文化交流做出很大贡献，其中包括这本《法国名家诗选》，我没做什么，全是他尽心出力一手编成的。谨借此机会表示对他的谢意。

诗不可译　但是诗还得译

问：在为您拍摄的纪录片《探海者飞白》中，您曾写下："诗不可译。译诗是件傻事，我也明白，但一件傻事却几乎做了60年。"您为什么这么说呢？

答：为什么说诗不可译？因为一般翻译传递的是单义的信息，这连电脑都可以做；而诗是语言艺术，它有情感、联想、风格、意境，有文化背景和"互文性"，有微妙的艺术形式，富有意蕴，富有多义性和拓展性。用信息翻译的办法来译诗只能译出其信息的骨骼，而会把"血肉"即语言的艺术形式、多义性和微妙之处剔除净尽，那么诗也就被剔除掉了，因为诗通常就存在于"微妙"之中。诗译者不能采用信息翻译的办法，而应该仿照原诗的艺术，用另一种语言的素材重塑一件诗的艺术品。如本雅明所说，翻译应该是伟大作品的生命的继续或"来生"。

诗不可译但是诗还得译。诗是在民族文化中植根最深的语言，通过诗能最好地了解和感受到一个民族的血脉搏动。

问：让我好奇的是，像飞白老师主持编译的《诗海》《世界诗库》都是包罗万象的世界诗歌史，一些小语种如丹麦语、希腊语的诗，均从原作译来。老师怎么懂得如此多的小语种？

答：除了法语，其他语种都是我漫游诗海的结果。只要碰上外国诗人，一有机会我就会请他们教读一两首诗，这样我就学到他这个语种的发音规律了。学语种多了以后，我模仿新的发音不再有困难，可以朗诵得很到位。语法呢一般也可举一反三，因为欧洲语言主要是三大语种，我以英、法、俄三语种为基点，多少可触类旁通。所以我并非如有的传媒形容的那样"精通多少种外语"，我只是一名诗海水手，a Jack of all trades（博而不精的人），样样会一点，精通呢大都谈不上。

问：近年来，您都读些什么书？

答：我近年来的工作是重拾"一外"英语，出了一本《哈代诗选》，然后重编了30年前出版过的《英国维多利亚时代诗选》（更新了近半内容，一卷变成两卷），将于最近出版。读的书都与此有关。30年前的难处是外文书太少，现在的难处却是书太多而时间和视力不足。下一步还计划编我有关翻译学的论著，以及全面重编《诗海》。我这个计划有点大。老人出海，一不小心就容易跑得太远，有"超越西方星斗的浴场"的味道。但漂泊到哪儿算哪儿不是最惬意的吗？就依仗天假以年了。

简介

飞白，著名翻译家。生于1929年，浙江杭州人，著名诗人汪静之之子。主编十卷本《世界诗库》，译著有《瓦西里·焦尔金》《谁在俄罗斯能过好日子》《勃朗宁诗选》等。

（原载于2015年1月18日《深圳晚报》）

黄孝阳：你们从这路上走过，我是你们靴子下的土

"70后"作家黄孝阳最近出版了他的首部中短篇小说集，书名很吓人，也很有新意，叫《是谁杀死了我》。《深圳晚报》记者通过邮件，与黄孝阳展开了对话。正如读他的作品一样，黄孝阳回复的文字，让你也有一种招架不住的感觉。语势的紧张、意象的复杂，令人眼花缭乱，吸引你忍不住想多读几遍。

他被人们称为"小卡尔维诺""70后作家的异数",被认为是中国先锋小说的守护者和探索者。可是,当众人皆以"先锋"视他时,他反而会对此嘀咕起来。黄孝阳说,可能是怕自己成为一只怪物,因为他体内的另一个"我"深知:"人是需要掌声的,小说家也不例外。"

与所有曾经鼻青眼肿过的人,一起探讨某些问题

问:《是谁杀死了我》是你的首部中短篇小说集,可否介绍一下这部新作?

答:我想《是谁杀死了我》的意义不在于告诉读者中的某一个人,"噢,该死的,小说还可以这样写",而是试图与所有曾经鼻青眼肿过的人,一起来探讨某些问题。比如,先换个维度来看看生活。嗯,也许不是什么维度、广度、深度、高度、精度、强度、密度、温度,纯粹就是一个脑洞大开。总之,有意思的。推荐大家去网店买一本。大家若发现货不对版,欢迎把书与臭鸡蛋一起砸我脸上。我呢,若发现自己居然是一个骗子,就罚自己去跪键盘。

问：之前人们认识黄孝阳，是通过一部部有分量的长篇小说，如《旅人书》《乱世》《人间世》和"时代三部曲"等等。与长篇小说相比，你认为中短篇小说更适合哪方面的表达？

答：我一直有个小愿望：把这世界上所有的不超过2万字的短篇小说，都读一遍。另外，您提的问题可能并不存在。一个朋友读过《是》这部小说集后，说了一段话，"《开始》与《阿达》，是这部小说集中最精致最值得赞美的两个短篇。这两个短篇，蕴含着巨大的信息量。换一位普通小说家，很可能将这两个短篇之中的任何一个，以文本注水的方式，稀释为一二十万字的长篇小说。在我看来，这两个短篇是黄孝阳元小说叙事走向成熟的标志性文本"。

呃，这两年我一直在说当代小说的概念。

去年冬天的一个日子（忘了具体日期，记得寒风凛冽，还有在地铁口碰到的一个穿短裙丝袜的女子，我目不转睛，再一头就撞墙壁上），脑子里突然跳出一句话，

"我要把长篇小说当成短篇来写"。这是个命题,提出它,证明它,这真是一件很有意思的事。

用长篇做短篇的事,用短篇做长篇的事。世界至大而又极小。有一幅欧洲航天局发布的宇宙全景图,是由普朗克太空望远镜于太空中多重拍摄的合成图片,看上去好像一枚椭圆形的小小的蛋。

一些所谓大师,只配给卡尔维诺系鞋带

问:"我是一个作家,以人心为食。"这是你作为小说家的宣言。人心深处即深渊,如何探寻这深渊?

答:曾有人批评我的小说设计感太强。我想说的是什么呢?设计之美。这人眼所望处,无一不是设计,建筑、桥梁、音乐、书本。就是那山水,也是因为我的注视有了喜怒哀乐。"小说是现实分娩之物,是一个自然而然的过程",这曾经是对的,现在是不够的。因为"未经思考的人生不值得去经历",许多作家在文本中所描摹的现实在很大程度上是一个伪现实。而

"自然而然"更多的是一种想象的美学。一些编辑说你的文章要写得自然一点。这里的"自然"多半是传统的代名词，是规训的隐喻。理解了这点，我们才能理解相应的奖励与惩罚。自然是人的敌人，一直是这样。我们崇拜自然，是因为我们不再是自然之子。因为这"人眼所望"，就能看见——那存在的深渊，那永恒的高山。

问：人们常常拿你的作品与卡尔维诺相比，甚至称你为"小卡尔维诺"，你受他的影响有多大？除了卡尔维诺，你还喜欢哪些作家的作品？

答：我是很喜欢卡尔维诺的短篇小说，尤其是《宇宙奇趣全集》等。其不仅是一种让人愉悦的文学风格，更是对文学本质的一种微妙把握，就像目光停留在蝴蝶翅翼上，注视着它那神秘的颤动，次数及形式是可以计算的，但是不重要的。严格说起来，在他面前，一些所谓的大师，包括卡佛，都只配给他系鞋带（卡佛迷们请无视）。这是我许多年前写在微博上的一段话，文艺腔，用最近流行的短语描述则是"逼格蛮高"。

其实我受卡尔维诺的影响，远远没有受中国现实的影响大。唯有亲历，才能拥有一生，包括文字。

我喜欢的作家很多。他们是天上的星辰。但我要特别强调一个"70后"作家群——我喜欢他们中间的许多人，他们已经写出很好的东西。我个人觉得：再过50年，也许现在被视为夹缝里的70年代，会被视为一个群星辈出的大时代。

问：很好奇，你怎么拥有如此汪洋恣肆的想象力和滔滔如江河奔流的语言天赋？

答："传统虽好，已然匮乏。"这是我的基本文学观。至于"我如何拥有"这个问题，不是我能回答的，因为我不觉得自己拥有，我是空的。我不能清楚地知道我是空的杯子，还是空的土地。

有句话是怎么说的呢？未曾思索过的生活不值得经历，我想我目前应该算得上，有这种愿望，也有这种能力来思索。这种思索有时会让大脑死机，让自己成为别人眼里的怪物。但很有意思，让我真真切切地感受到在亲历自己的生命。亲自的亲，经历的历。有时我也会很好奇一个问题：为什么我会有这种变化？用进化论里的一个词来说是突变。我失眠了几个晚上，终于发现一个事实：因为我认识了你们。

这世上的人啊，我所拥有的皆源于你们的恩赐。

你们从这路上走过，我是你们靴子下的土。

当你们离开，你们留下的足印，即是我此生最大的荣耀。

众人皆以"先锋"视我时，我反而怕自己成为一只怪物

问：经过20世纪80年代"先锋为王"的时代之后，文学界已经很多年不再说先锋，小说创作似乎在向现实主义回归。为何你依然在做胆大妄为的文学尝试？当下的"先锋"，与20世纪80年代的"先锋"又有什么不同？

答：李敬泽先生说过一段话，"昔日马原今何在，2012年如果有人如此呼唤，他找到的大概不是《牛鬼蛇神》，而是黄孝阳那本奇崛褊狭的《旅人书》"。这

让我一个后生晚辈受宠若惊。好像一个人在暗处独自行走惯了，突然有位素来尊敬的前辈投来视线与笑容，"小伙子，干得不赖"。我很感激李敬泽先生的鼓励。这是实话。只是，在他眼里，我恐怕也就是一个先锋小说家。我不知道这是我的幸还是不幸。又或者说，"先锋"这个词汇是必要的，否则无以区分。至于它在公众语境里的词性变化，这是上帝管的事。

我在想，为什么在众人皆以"先锋"视我时，我反而会对此嘀咕起来？是怕自己成为一只怪物吗？有可能是。

我说过一句话：写作者在面对抽象的"读者"时，要有这样一种心态，"有人读我写的字，这是我的荣幸；若不读，这是他的损失。我写字，只对上帝与自我负责。我甚至不关心我写得好与坏。好与坏是属于别人的。上帝不关心这两个汉字。他所关心的只有一件事：我们是否有这种能力来理解他所创造的这个世界"。但体内的另一个"我"也深知：人是需要掌声的，小说家也不例外。

问：你被称为是"70后作家的异数"。但在文学界,"70后"的面孔似乎一直是模糊的。没有"50后""60后"的"历史、乡土和苦难",也没有"80后""对市场的讨巧","70后"这一代作家在两面夹击中,走出了一条怎样的路?如何评价"70后"的群体特征?

答:"70后"承上启下,拉开新千年中国文学的帷幕。这是艰难的。他们有形而上的追求,又有形而下的困惑。这种矛盾冲突,会让他们的小说牛气闪闪,广袤无边。

问:对这个时代,你一直有种介入的立场,而不是关起门来写作。你认为,一个作家与自己所处的时代,应该是怎样的关系?

答:这个时代造就了我。我对她充满深情。

简介

黄孝阳,作家,编辑。1974年生,江西抚州人,现居南京。

(原载于2015年4月12日《深圳晚报》)

李银河：我不是斗士，我只是在生活

2014年12月底，李银河首次公开自己与跨性别爱人17年的感情生活，引起了一场轩然大波，事后被媒体总结为"李银河'非出柜'事件"。距此事过去半年之际，李银河出版新作《一个无神论者的静修》，首次坦露自己内心曾经的矛盾和挣扎。

李银河的名字与她的先生王小波一样，都像一个接头暗号，人们通过对他们名字的喜爱或忿恨程度，从人群里识别出自己的同类。李银河所做的学术研究主要分三大块,一块是婚姻家庭,一块是性别,还有一块是性,这三块都出了不少专著。但是,人们似乎都不太记得她还有另外两个领域的研究,更多地只记住了"性"。她在公众眼中的形象,常常是咄咄逼人的"斗士""女权主义分子",乃至"性少数群体旗手"。

不过,凡是采访过李银河的记者,都特别喜欢这个采访对象。她真实,有问必答,不装,而且有一种让人出乎意料的"平易近人"。新书《一个无神论者的静修》,其实是李银河的一部思考日记。主要讲述了她的内心在现实和超然之间,一次次的矛盾和挣扎。李银河写作此书时,已是退休后隐居乡间或海滨时,远离尘嚣在大海边静观时光流转,文中既有梭罗式的自由沉思,又有福柯式的激情,还有海子那种"面朝大海,春暖花开"的洒脱。这本书比较真实地保持了它的本来篇幅、风格、内容,对于一位有争议的知识分子来说,是十分重要的。

专访中,李银河告诉记者,她的自传《人间采蜜记》也已交给出版人路金波,将于近期出版。无论是这本《一个无神论者的静修》，还是即将出版的自传，路金波给了李银河一个评价："这个人，真是少有的老实。"

写出最真实的李银河

问：这本新书《一个无神论者的静修》的创作，与半年前那场"非出柜"风波有关系吗？

答：跟那件事其实没有什么关系，这本书我已经写好几年了，完全两回事。那件事，我更多写在自传里头，应该会在今年六七月份出版。

问：自传书名叫什么？

答：叫《人间采蜜记》，路金波给起的书名。我的本意叫《我的生活》，路金波嫌不好，我改成了《人生回眸》，路金波说还是不行。后来，他给起了个《人间奇遇记》，我听了说，不行不行，还《木偶奇遇记》呢！（哈哈）

因为我一直称自己的生命哲学是"采蜜哲学"："生活有美有丑，要挑选最美好的东西，如最美的音乐、最好的电影。让它们占据心灵与时间。这样活着才会轻松快乐。"路金波便建议叫《人间采蜜记》，书商有书商的考虑，我尊重他们的选择。

问：《一个无神论者的静修》说的是什么呢？

答：我每天都会写一篇短短的思考日记，记录下对人生、生活、爱情、友情、亲情的一些想法，这本书就是这些思考日记的合集。

从宏观的角度上看，人生是没有意义的，人就跟石头、沙子、虫子一样。但微观地说，每个人都可以为自己的生命赋予一定的意义，你觉得它是什么，它就是什么。比如，你觉得它快乐，它就是快乐的；你觉得它痛苦，它就是痛苦的；你觉得它非常美好，充满了各种各样的色彩，当然可以；你觉得它丑陋，黯淡无光，十分沉闷，那它就是这样一种东西。

一说修行，人们总以为都是宗教的事，其实无神论者也需要修行。在这本书里，我写的都是自己的思考。我所说的每一件事、每一种想法，都是真实发生过的。

"他"一直很嫉妒王小波

问：半年前的风波，对您和爱人"大侠"的生活有影响吗？

答：我公开这个事，其实是个应激反应。一直以来，我被人骂的情况是非常多的。广东有个叫李铁的，曾经驳斥我提出的"性爱三原则"，拿出好多问题来讨论。我觉得有人不同意我的观点，因此产生争论和讨论，都没有什么。

但去年网上流传的那篇《李银河"拉拉"身份曝光》的文章，却是一种人身攻击，把我说成欺世盗名的家伙，说我是一个骗子，说我隐瞒了自己的同性恋身份，欺瞒了很多人，这就关乎到我的人格了，不得不出来说一下。

我为什么一直强调自己是异性恋？大侠的生理性别是女性，但是自身的性别认同却是男性，他无论从外貌还是内心看，都是一位地地道道的男性。他所爱的只能是异性恋女人，而不是同性恋女人。就跟金星一样，只不过金星是男变女，他是女变男。金星变性后，与德国丈夫汉斯也组织了家庭。

这件事公开后,对我们的生活没有产生什么影响。其实,我身边的亲友、同事早就知道我和大侠的关系,我们从来没有刻意隐瞒过。

问:当时,大侠和你一起携手接受媒体访问,公开曝光,对他有挑战吗?

答:他挺爷们的,没有任何压力,相反还挺高兴,终于可以告诉更多人,他是男的了。还有,他一直挺嫉妒王小波。

《纽约时报》报道我们俩的事,报道标题是《爱情面前,性别无足轻重》,一开篇便称赞"对于中国的男女同性恋,她(李银河)还是个英雄",她为"过度拘谨的"中国带去了新问题——"跨性别者的爱"。不仅是《纽约时报》,我觉得公开这件事后,很多人并没有把它当成一个丑闻。

问:这是您预料的后果吗?或者说,根本就不在乎?

答:让我有点意外的是,这件事最后变成了一次科普。比如很多人知道了什么叫LGBT（女同性恋、男同性恋、双性恋者与跨性别者的英文首字母缩略词），原来他们自己都搞不清，是我帮他们搞清楚的。

问：您觉得自己从王小波及现任伴侣身上，都收获了什么？

答：我的一生是非常幸运的，遇到了真正爱我的两个人，而且他们对我的爱都是"激情之爱"。这种爱情发生的概率不太多，幸运的是我得到了两次。

爱情一定会变成柔情

问：您做的学术研究分别是"婚姻家庭""性别"和"性"三大块，但人们似乎只记住了"性"？

答：婚姻家庭好理解，我解释一下"性别"与"性"的区别。我在"性别"领域研究的是妇女生存状况，比如我的《后村的女人们》。

大家对前两个领域都不大关注，为什么都盯着"性"呢？因为性观念在中国正受到巨大冲击，围绕性话题，有激烈冲突，也有诸多争议，正因为如此，大家才会格外关注。

问：可否谈谈您现在的生活？

答：还是那样，上午写作，下午看书，晚上看电影。

问：现在离婚率越来越高，很多人都不敢相信爱情和婚姻了。您如何看待婚姻和爱情？

答：婚姻和爱情是两回事。在中国，大多数人的观念是要结婚的，但离婚率也高得很。在"父母之命，媒妁之言"的时代，婚姻反而稳定，为什么？因为那时候的婚姻，感情一点儿都不重要，承载着传宗接代等功能，真没什么可离的。可是，在现代夫妻关系里，感情因素在婚姻里占的分量越重，离婚的可能性就越大，因为感情是会变化的。

问：您仍然相信爱情？

答：爱情还是很美好的，不过时间长了，爱情都会变成亲情。我跟小波，跟大侠，最后也都变成了亲情。所有的爱情，都是一开始的迸发，一开始的激情；在婚姻里，在长期关系里，激情是一定会变成柔情的。

问：人们一直觉得您是一个斗士，您喜欢这个标签吗？

答：我从没有觉得，我只是在生活，做自己喜欢的事情，而且比如我提出的"同性婚姻"等观点，也是社会学界的共识，我并不是孤军奋战。

简介

李银河，中国社会科学院社会学所研究员、教授、博士生导师。中国第一位研究性的女社会学家，自由主义女性主义者。师从于中国社会学奠基人费孝通。1952年生于北京。美国匹兹堡大学社会学博士。1999年被《亚洲周刊》评为中国50位最具影响的人物之一。

（原载于2015年6月7日《深圳晚报》）

冯唐：在两性欲望背后捉"妖"

男神冯唐来了，先是媒体圈的小伙伴们沸腾了，在微信群里互相提醒不要迟到。然后是深圳的粉丝们沸腾了，7月26日下午，当记者来到中心书城时，南区大台阶已经挤得连针都插不进去了。

才情四溢的冯唐素来以敢写著称，他的小说通常给人"很黄很暴力"的印象，比如前段时间根据他作品改编的青春片《万物生长》。他的经历也很传奇，做过医生，就职过麦肯锡公司，当过华润医疗CEO（首席执行官），去年从华润辞职后，如今以自由人的身份开始思考人生的下半场。

男神很随和，完全没有偶像包袱，在接受采访时，除了被问及个人感情生活时左顾言他聊起妈妈，其他话题均没有不答的。答后还反问一句记者："不知我说明白了没？"以下是访谈进行时。

当官是件风险特别大的事

问：为什么这两年我们见你的机会多了，以前你似乎不太出现在公众视野？

答：看得特烦了啊（哈哈）。简单地说，去年6月我辞职，递了一个月辞呈，7月离开。离开体系之后，我就自由了，相对来说就不用顾忌那么多了。如果你在体系里，老板在电视里比在办公室见你的次数还多，这也不像话啊。

问：之前你已经做到了"局级干部"，如何看待刚刚离开的体系？

答：我最近正在重读《资治通鉴》写西汉的部分，其实无论看哪一部分，都会发现当官是件风险特别大的事。奇怪的是，历史上说得这么清楚，但中国男人都特别喜欢当官。我曾经也是那个样子，但后来觉得不对，那种爽不适合我，该放弃就放弃吧。

原来带上万人的时候，的确有一种控局的快感。但是，大多数时候其实都在做"思想政治"工作，每一个进入我办公室的人都带着一脑子的纠结，我就像马桶一样被人坐来坐去，然后带着屎和尿回家了，第二天又去当马桶。我觉得，可能把我想写的东西写出来，会比"当马桶"的方式效率更高一点。

我写作的时候心中没有读者

问：《万物生长》让你触及了影视，你会往这个方向发展吗？

答：现在，我用一半的时间做医疗投资，另外的时间就是阅读和写作。至于影视，我觉得自己只能做个内容发动机，近期不可能做导演。说白了，电影在中国的第一属性还是商品，必定要"迎合"市场；而我更擅长的是写自己想写的东西，说实话，我写作的时候心中是没有读者的，只是做自我表达。这种做法，投资方不疯，也会哭的。

问：你今年参加了《出发吧爱情》，节目中你的身份是主持人兼爱情观察员，为什么会参加真人秀呢？

答：就是想看看娱乐界是啥样的，多一种人生经历，现在如果写一个明星的心态，我就好把握很多。如果按行话说，该叫"采风"，原来听作协去哪儿采风，觉得挺美的，可没采过这种风。

问：《女神一号》是你"人性三部曲"的第一部，请问这部作品主要说什么？

答：主要探讨两性的欲望。写的时候，我把故事尽量简化，人物尽量简化，两女一男——理科城市女、文艺城市女、小镇理科中年屌丝男，希望通过这种简化，凸显现象背后的大毛怪，牵它出来，问问它：情为何物？

我把肉身当成一个水池

问：觉得你特别喜欢"肿胀"这个词，不知你会肿胀到什么时候？

答：一个好的作者，应该能够有更平常自由的心态。我不太会按照人们的期望去生活，就像一瓶放了五年的酒，你非要它有十年的味儿，这不行。我喜欢"行于不可不行，止于不可不止"。

问：人生的下半场有什么目标？

答：我觉得下半生剩一件事了——就是把时间搁在哪儿。衣服有了，鞋子有了，我的生活保障有了，剩下的问题就是时间。我没有所谓一定要实现的理想，下半场反而比上半场自然了。原来我喜欢说"文字打败时间"，现在我的写作态度变了，怎么说呢，就是把我这 1.8 米、68 公斤的肉身当成一个池子，那么多年的见识当成水，再有什么事就"噗通"扔水里，有啥感触就记录下来。

问：文艺女青年都很关心你的情感生活，请问你遇到那个不挑你毛病的姑娘了吗?

答:哈哈,周围女孩基本都不太挑我毛病了,除了我妈。

简介

冯唐,原名张海鹏,1971年生于北京。诗人、作家、医生、商人、古器物爱好者,2013年第八届中国作家富豪榜上榜作家。

(原载于2015年7月27日《深圳晚报》)

阿乙：北岛先生就像一艘船，捎上了我

十多年前，江西瑞昌一个乡下派出所的警察艾国柱，和副所长、所长、调研员四个人按东南西北四向端坐打牌，鏖战一夜后，所长提出换位子，重掷骰子。四人便按顺时针方向各自往下轮了一位，艾国柱就是在这一刻看到了他极度无聊的一生：副所长、所长、调研员，一生轨迹莫过于此。

警察艾国柱决定出走，文坛上由此多了一个名叫"阿乙"的作家。

专访阿乙,由头是他的最新随笔集《阳光猛烈,万物显形》出版。这本书收录的是阿乙2011年至今写的随笔文字与小叙事。书中文字简洁、犀利、准确,相比小说,这些随笔文字更像是他的私货,表现得更真诚、更冷静,也更勇敢。

感谢生命中搭救过我的人

问:书名《阳光猛烈,万物显形》很凶猛,也很浓烈,味道很重,为何喜欢这个书名?

答:在本书的第20页有一篇短文叫《不真实感》,写我在医院拿化验结果的事。开头一句就是"阳光猛烈,万物显形"。那天就是如此,天气燠热,光照强烈,然而那一张化验单好像告诉我,生命之船就此沉陷了。这本书稿恰好是我住院半年后出来弄的,是对过去数年自己所留随笔(也许叫小叙事或者叫文字的素描练习更为恰当)的集中整理。因为我乐于去呈现事物背后自己和他人的心理成因,因此我给书稿取名《底细》。

最后选择"阳光猛烈，万物显形"，是编辑开会得出的结果。在取书名方面，我尊重编辑。他们从来没有坑过我。

问：北岛先生曾评价："就我的阅读范围所及，阿乙是近年来最优秀的汉语小说家之一。他对写作有着对生命同样的忠诚和热情，就这一点而言，大多数成名作家应该感到脸红。"新书中写到了你和北岛的交往，在这里，可否再谈谈你与北岛？

答：北岛先生就像一艘船，捎上了我。如果没有他，我可能会淹没在求索于文学的海洋中。这样值得去感激的人还有很多，比如李敬泽、罗永浩、王小山。我记得2008年老罗（罗永浩）在帮助我出版第一本小说集（《灰故事》）时，我在选书稿时发现可选的余地并不大。到这时我才知道，我似乎整天都在写小说，其实整天在嗟叹。如果不是老罗、北岛以他们的热忱对尚有一点希望的我进行鼓励，我可能要永远地沉沦于嗟叹中。

我现在每次见到北岛先生就会很亲切。我见到生命中这些搭救过我的人，就像看见我最好的亲戚。我时常感恩于他们完完全全对我的爱护，感念于彼此纯粹的关系及自己的好运气。

问：新书中你写了很多梦……梦并不是特别好懂的东西，你想借助这些梦表达什么？还有，你不只一次写到孤独、写到死亡，为何喜欢这种终极命题？

答：这和我一段时间内身体情况有关系。梦和失眠有关。有一段时间将自己用得太苦。一天24小时，写4小时，剩余20小时都处于焦虑中，甚至做梦都在解决写作途中遇见的难题。每天都处在大量思考的状态下，夜夜有强烈的梦，而那些怪异而可怕的梦有时会提供意外的场面，使我以为它具有意义，总是去记录下来。死亡是因为我曾经接近过它，只不过后来又看着它远离。这是个假象。但当时很吓人。拍片子后，医生都是按照恶性肿瘤来对待的。

我记得我在胸科医院瞧大夫，那位女大夫看着我的化验单发愣，突然焦急地说，你别在我们这里治了，一周化验，出一个结果，时间不够了，你快去大医院、综合医院吧。

我因此去301医院,专家看了片子,也是抖抖片子,接着说,这里(肺)密密麻麻的,你要我怎么办。

其实不是肿瘤,但是查病的过程让人恐惧。后来我去领化验结果,都要在手心写一行字,叫"是又如何",以防止出现不幸的结果。那时候真的好像看见死神就穿着白袍子,坐在病床前和自己对视。我记得有一次去查PET-CT(正电子发射计算机断层显像),就两个人,我在前,一位老同志在后。他竟然还插队。我当时就跺脚,想说,死你也要插队吗。

花了四个多月查出来,得的是免疫系统的病。

小说像庇护所,宽容了我的无知

问:你的人生轨迹:小镇青年艾国柱——警校毕业——在江西瑞昌的乡下当警察——媒体编辑——作家阿乙。你在书中说:"我不会飞翔,总是三两下扑落向泥泞的土地。"想问:你人生的这种转变,是去了哪个方向?

答：我不会飞翔，是因为我缺乏成为诗人的能力。我羡慕诗人、哲学家、作曲家、学者这样的人。写小说是我能抵达的最大峰值。小说像一个庇护所，宽容了我的不学无术及无知，但是我不会在这样的体裁里纵容流氓的精神。我一生向上，追求向上。我常羡慕那些神仙一样的诗人，羡慕聂鲁达、陈东飚、黄灿然、施茂盛、徐沪生，羡慕学院派，我常觉得自卑。我觉得相对他们，我和没有文化的人及事打了太久的交道。

问：你说你性格中有"固执的退缩感"，可否谈谈自己，为"没见过阿乙的人"介绍一下阿乙？

答：固执的退缩感，是相对于我极为尊敬的人而言。我在亲戚里的长辈，在老师，在有尊严的老人那里，都会保持这种略显局促的状态，即退缩感。我没有办法和那些师长呼朋唤友。我保持这种尊敬。

问：你认为自己是个"例外"的文学青年吗？

答：我是一个运气很好的人。运气好到，我只需要专心写作，之外的事情别人都帮我处理好了。在发表第一篇作品之前，我大概有个三四年（也许四五年）

时间处于很艰难的阶段，没有人理我，投稿得到的回应很少。其原因一个是人家真的就不理你，一个是你写得很不好。当时我有和其他落魄的人一起嗟叹，但是好在这种局面并不长久。还有一个处理的办法是命令自己：即使终生不能发表，也去写，用工资去养写作，就像你爹下棋。

还有，任何时候，认真及专注地去写作都不会错。

有时候，写作会停滞，这时我就想，与其临渊羡鱼，不如退而结网。退而结网是永远不错的。

有时我很焦虑，有时我很温顺。

问：你的小说——无论是《灰故事》《鸟看见我了》，还是《下面，我该干些什么》《模范青年》，常给人一种似幻似真的感觉，被评论家称为有灵魂的小说。你写作最在乎的是什么？

答：最在乎的是出现一处松懈。这也是我的小说比较紧的原因。我也因此被弄得很累，焦虑。我因焦虑带来了一场疾病。但是现在我仍然不敢放松。我害怕失败。我有一种强迫症，一个东西，有一点儿不好，就全部不好了。写小说也是这样，怕某一个地方写坏了，甚至怕一个标点用错了。我的小说里很少用感叹号，是因为我在西方的小说里很少看见。因此我觉得这个符号是多余的。

问：在新书中，你多次谈到阅读。能否谈谈对你影响比较大的作家，或者你本人现在还欣赏的作家？

答：我推荐一些书：

1. 卡夫卡中短篇小说

卡夫卡的不少小说，有时看起来就像是一篇日记或随笔。他的特点是自然。在他和他想表达的事物之间似乎不存在技法的障碍，或者说他并没有将精力过多地耗费在技法方面。

2. 爱伦·坡短篇小说

爱伦·坡主张为艺术而艺术。他是侦探小说的鼻祖，也是短篇小说这门手艺的开拓人。他注重故事本身，特别是在如何惊吓读者方面。

3. 欧·亨利短篇小说

4. 海明威短篇小说

他对日常用语的爱好，读他的短篇小说可以训练写对白的能力。

5. 老舍的话剧

编剧芦苇在写《霸王别姬》前读了几次《茶馆》，为的是找到写京腔的感觉。老舍话剧的厉害之处是在为每种性格、每种身份的人寻找到合适的话语。

6. 马尔克斯短篇小说

我很不喜欢他的长篇，他的优点是短篇。在于新闻式的语言、爆发性的叙述能力和点到为止的控制力。长篇恰恰是将他短篇里紧凑的东西全部拉松了。

7. 加缪《局外人》

8. 博尔赫斯短篇小说

诗意、博学、热爱知识与神秘的东西，对趣味的持续迷恋。

9. 陀思妥耶夫斯基《卡拉马佐夫兄弟》《罪与罚》

他有本能的爆发力，个人经验丰富，气力很大。有很多地方他并不经营，但就是气势雄伟地写下去了。他似乎是不可学的，关于他的继承人，似乎只能等，而不能培训。

10. 福克纳《八月之光》《喧嚣与骚动》《押沙龙，押沙龙！》

这是福克纳本人作品的一个逐渐攀升的过程。《八月之光》已经很好，然而作者还是到达了《押沙龙，押沙龙！》那样的文学探索高峰。应该说他是作家中的作家。他的读者群体是作家。

11. 莎士比亚戏剧和托尔斯泰的《安娜·卡列尼娜》

12. 但丁《神曲》

13. 普鲁斯特《追忆似水年华》

1000年一出的人类的孤儿，不会再有人能重复他的奇迹。他代表了完美及完美应该有的孤独。他就像远处的雪山，让人嫉妒地矗立着。他一共七卷本的作品没有一个地方出现纰漏。每个地方都充满圣光。

问：您纠结过如何走文学这条路吗？北岛先生警告过你的那种危险时刻——"被诡异莫名的圈子席卷进去，在酒肉中永远地消失"。这种时刻你是否经历过？

答：没有任何能将我带离文学，除开死亡。我有我的办法,我并不愿意用对抗的形式来处理那些可能的影响。有时候我很温顺。在敷衍方面,我比谁都出色。

简介

阿乙,"70后",原名艾国柱,著名作家。

(原载于2015年9月27日《深圳晚报》)

林少华：注定要做一个"异乡人"

2016年3月，著名文学翻译家、学者林少华的散文集《异乡人》由作家出版社出版。作为中国最著名的村上春树作品译者，林少华常被称为"村上春树背后的男人"。这一点尤其表现在每年诺贝尔奖公布前夕，国内文化记者无法联系上村上春树，就转而骚扰林少华。在某种程度上，林少华很像村上春树在中国的"代言人"。

我们所读过的村上春树大部分著名作品都是林少华

翻译的，如《挪威的森林》《寻羊冒险记》《舞！舞！舞！》《奇鸟行状录》等。村上春树说："无论置身何处，我们的某一部分都是异乡人。"而林少华的这本散文集便命名为《异乡人》，看来林少华与村上春树确实发生了某种重合。

45岁前大部分男人都怀有远方情结

《异乡人》所收录的散文，是林少华近年对当下社会生活的思考和感悟。除了写到故乡、写到村上春树，林少华还提及了自己的"教书匠"生涯。

是不是有些人生下来就注定要做一个"异乡人"？异乡人身上，都有哪些特质？面对记者的问题，林少华回答，"异乡人"或可分为两种。一种是现实性或实质性的。背井离乡，走南闯北，人地两生，举目无亲。另一种是虚拟性或精神性的。虽然人在故乡，却总是怀有远方情结，总想离乡远游。"例如少年时期的我，无端地怀有一股冲动，渴望知道山那边有什么，或者说较之眼前已知的,更对远方未知的东西感兴趣。应该说,这两种有个共同点:都源自个体对整体秩序、对周围现实世界的疏离情绪和孤独感。"

读林少华的《异乡人》,记者发现了他的另一面——他常常会关注那些不起眼的植物,比如牵牛花、蒲公英。林少华说,这应该缘于他从小在东北乡村长大。45岁前大部分男人都怀有远方情结,想远走他乡验证自己身上的可能性。及至过了45岁,则每每把视线收了回来,收回寻找故乡的面影,以似曾相识的景物寄托乡思,化解乡愁。

"我的故乡在乡下,牵牛花和蒲公英可以说是生身故乡的象征性符号。其中还有一个原因,大概同我的审美情趣有关。作为总体倾向,我不大迷恋美轮美奂堂而皇之的东西。以花为例,不大中意国色天香的牡丹和红红火火的郁金香之类,觉得它们太富贵太华丽了,我这个穷小子配不上。或许与此相关,我不大欣赏范冰冰、李冰冰那样顾盼生辉的'冷色'美女,宁愿多看几眼'邻院女孩'。对于我,美应该具有日常

性和亲和性,能够唤醒自己身上长眠不醒的某种因子。进而言之,我还分外留意荒凉美、寂寥美甚至废墟美,总觉得那里边有什么让我悄然心动。"

和村上相遇,应该是两颗孤独的心相碰

都说村上文学的主题是孤独,是否也影响了林少华的人生?林少华说,同村上"相遇"的时候,他已经36岁了,例如"三观"等带有根本性质的东西已经定型。村上——准确说来是翻译村上作品——对他影响最大的,是一定程度上改变了他的人生轨迹。"我原本想当一名像模像样的学者,但实际我更多地成了翻译匠,幸也罢不幸也罢。补充一点,我的孤独不是来自村上文学的孤独主题。我本来就是个有孤独倾向的人。我和村上的相遇,应该是两颗孤独的心的相碰。至于我是因此变得更孤独了还是不怎么孤独了,我不得而知。"

村上陪跑诺贝尔奖多少年,提到村上与诺贝尔奖,林少华表示自己最想说的是,诺贝尔奖对于村上,得也正常不得也正常。得也正常就不用说了。不得也正常，是因为不得也是一种公道。"你想，作为一个作家，村上得到的东西已经足够了，比如名场、影响、人气、销量、银两，以及除诺贝尔奖以外的海内外奖项。如果再把诺贝尔奖桂冠扣在他头上，是不是天理上有失公道？总要给苦苦写作却没得到相应回报的同行留下一条生路嘛！"

从东北到广州，又从广州到日本，最后在青岛定居。林少华总结，自己一直在做教书匠和翻译匠。走了那么多地方，林少华说自己如今最喜欢长春远郊一个叫土门岭的小镇，最想做的是在镇郊的山居院里院外种花种草、种瓜种豆。说得夸张一点儿，假如今天晚上退休，明天一早他就飞回那里，真正告老还乡。这是因为那里有牵牛花、蒲公英，有《异乡人》中特别描述的葡萄架。在葡萄架下搬一把藤椅，捧一杯清茶，早晨看东山松林的彩霞，傍晚看西边田野的落晖，入夜看满天爆豆般的星斗，那该是何等让人欢喜的场景。

简介

林少华,著名翻译家,因译村上春树《挪威的森林》而为广大读者所熟悉,此后陆续翻译32卷村上春树的文集及夏目漱石、芥川龙之介、川端康成、井上靖、东山魁夷等名家作品。

(原载于2016年5月15日《深圳晚报》)

张悦然：撕下青春文学标签破《茧》成蝶

十多年前，韩寒、张悦然、郭敬明、安妮宝贝等一批作家，随着他们笔下对抗的、叛逆的"青春文学"闯入公众视野，成为文坛独特的"80后现象"。

在所有人当中，张悦然略显安静，这些年她在做什么？2008年，她创办了文学主题书"鲤"系列；2012年，她到中国人民大学文学院当了老师；还有，她用10年写了一部长篇小说。

2016年8月20日下午,张悦然携最新长篇小说《茧》做客南山书城,与深圳读者面对面并举行签售活动。这一次,她撕下"青春文学"标签,试图以"80后"一代人的视角去追寻父辈,了解父辈,照见自己。著名作家余华在读过《茧》后感叹:"已经很长时间没有一部小说可以那么吸引我了。"

"我从父辈那里偷来一个故事"

《茧》源自一个真实的故事,一个曾经属于张悦然父亲的故事,但张悦然把它"偷来了"。张悦然仅仅把"真实"当成虚构的源头,警惕地掌控真实的剂量,她希望自己完全掌握对小说虚构的权利。

在《茧》中,张悦然通过一个真实的案件,层层抽丝剥茧,展示了超过20余人不同时代的青春,层层追溯"我们"长大后会是什么样子,祖辈、父辈是"我们"这一辈隔断不了的牵引。小说以两个生于20世纪80

年代的年轻人程恭与李佳栖为主人公，着重抒写了一代人的精神成长史。他们中，一个苦苦追寻父爱而不得，导致爱的能力缺乏；一个为家族的复兴所困，最终酿成恶行与罪。张悦然在继续继承自己以往的文风上，有了更为成熟与细密的一面，将一代人的精神症候描绘得淋漓尽致："世界这么满，我们却这么孤独，这么多爱，我们却总是感觉缺爱，我们想要正确体面的爱，可总是为自己增添更多失去。"关于"80后"的成长，张悦然试图从深处去解答。

她说，出版之前，曾有朋友劝她换一个书名，因为《茧》略显冰冷。但张悦然不想换一个如今十分流行的"长书名"，觉得那些书名就像从书里伸出的一只长胳膊，使劲儿把读者拽进去，她不想生拉硬拽。

"我不想走那么快，想故意慢下来"

对于为何用了 10 年之久才推出一部新小说，张悦然表示，这个故事来源于父亲的讲述。父亲在少年时代,曾经目睹在他居住的医院家属院里,隔壁楼洞的一个医生在批斗中,被人往脑袋里摁了一枚钉子。那人渐渐失去言语和行动能力,变成植物人,后来一直躺在医院里……一开始写的时候,她不知道如何建立自己与这个故事之间的联系。就像背了一个背包上路,很多构思都是在写的过程中建立的。

另外,一个更重要的原因是,在出版完《誓鸟》之后,张悦然故意想让自己慢下来。作为一个畅销书作家,应该一年至少出一本书,但张悦然觉得,这样的节奏实际上是消耗自己的精力和创造力。"我想慢下来,如果走得那么快,可能只会离我的文学理想越来越远。"

于是,张悦然慢了下来。

"书写父辈是我的一种宿命"

张悦然曾以《樱桃之远》《水仙已乘鲤鱼去》《誓鸟》等作品走红,但在《茧》中,她没有按照青春写作的节奏与路径继续下去,而是用10年时间重新洗牌,对自己的文学道路进行更深入的探索，对人物性格的描述、现实处境的体验、精神世界的理解，都更为精准和游刃有余。于是，"80后"的创作，也瞬间变得开阔起来。

张悦然说，10年写作间，最大的困难就是如何搭建"80后"这代人与父辈的关联。记者问她，如何看待父辈？张悦然说，父辈有时也是虚弱的、摇摆的、隐约的。所以，她对父辈是一种很复杂的情感，有失望，也有同情。她希望通过写作，实现一种与父辈对话的过程。

选择书写父辈这个主题，对她来说，不是选择，而是一种宿命。在她的小说里，父亲不仅仅是一个人，而是一种更大的"父亲"隐喻，与现实生活肯定不是一一对应的关系。

"生活中，你与父亲是什么样的关系？"面对记者的提问，张悦然回答，父亲是一个理智的、悲观的知识分子。父亲的理智曾经对她形成过很多困扰，"我不是一个特别理智的人，当你在做梦或者盲目乐观的时候，总有一个理智的人把你从梦中叫醒，就像总有一个人在泼冷水,让你迅速收缩"。

作为曾经的叛逆者、对抗者,记者请张悦然评价新一代的"90后"。张悦然说,在校园,你会发现这些年轻人都特别好,尤其那些不是文学专业的学生,对文学更有一种渴望。但从面貌上,感觉这一代年轻人少了些反叛和对抗。

简介

张悦然,1982年11月7日出生于山东济南,中国当代女作家。14岁时开始发表作品,至今已出版小说作品有《葵花走失在1890》《张悦然十爱》《樱桃之远》《水仙已乘鲤鱼去》《誓鸟》《红鞋》《是你来检阅我的忧伤了吗》《昼若夜房间》《月圆之夜及其他》,主编主题书"鲤"系列等。现为中国人民大学文学院讲师。

(原载于2016年8月21日《深圳晚报》)

蔡志忠：我一直是那个台湾乡下小孩

与其说是采访蔡志忠，不如说是在和他聊天。他说几句话就会笑一下，带着台湾式的与人为善。蔡志忠自 2009 年开始定居杭州，他像开玩笑一样说起对未来的预设："我准备老死于杭州，葬于少林寺。"

这次采访是因为蔡志忠于 2016 年 7 月出版了自传《天才与巨匠》，一个台湾乡下的小男孩，是如何变成令人羡慕的漫画大师的？蔡志忠的"天才秘诀"是："一个人能否成为天才，取决于他这一生有没有做自己最爱的事。"

你将看到一个会写字的蔡志忠

我出生于贫穷的乡下,没有家世、没有学历文凭、没有显赫背景,又时逢百废待举的第二次世界大战后。唯一拥有的只是自己的小小梦想,梦想有朝一日能成为当时并不怎么令人羡慕期待、令人看得起的小小漫画家。

15岁从事漫画至今50多年,我还兴致勃勃、乐在其中,持续从事动漫行业。

有人问我:"如果时光能倒流,你会不会改变初衷,从事别的行业?"

我回答说:"开玩笑,请问世间还有什么比美梦成真更快乐的呢?"

这是蔡志忠首部亲写自传《天才与巨匠》中的一段话。记者问蔡志忠,为何会产生写一部自传的念头?蔡志忠说,27年前,台湾文经社吴社长打电话问他:

"蔡先生，我们已经收集好云门舞集创办人林怀民、女子高尔夫名将涂阿玉、漫画家蔡志忠，你们几位'十大杰出青年'的资料，想出版你们的自传。"

蔡志忠答："吴先生，感谢您看得起，但我不是伟人，没有长江黄河的奋斗血泪史，没有自认伟大的大头病，谢谢您的善意。"一年后，台湾远流出版社总编辑周浩正先生打来电话，很明显周先生比较擅长说服别人，他说得蔡志忠无言以对，不好意思拒绝。周浩正是这样说的："我们不出版你的自传，而是希望通过你的人生故事，让年轻朋友可以学习，或许其中有句话或有段故事会影响他们的一生。"

蔡志忠当年正移民温哥华，又不太会写作，便以口述录音方式，由远流主编杨豫馨小姐整理，才有了1992年《蔡志忠半生传奇》的出版。"近年我疯狂写作无法止息，才有了亲自写自传的想法。"这部自传书蔡志忠只用11天就写完了。他说，这本书出版的理由跟25年前一样,希望他的人生故事,其中有一则观念、或一句话，或一段故事能让年轻朋友学习，或许真能影响他们的一生。这次，大家看到的不仅是一个会画画的蔡志忠，还是一个会写字的蔡志忠。

"天才"就是可以做自己最喜欢的事

漫画大师蔡志忠，1948年出生于台湾彰化，9岁立志成为漫画家。他在念完了初中以后就放弃了学校模式的教育，不再上学，而是将自己的心怀意念完全投注到一个在少年时就已肯定了的兴趣上去。

15岁时，蔡志忠带着250元台币北上，开始其职业生涯。从此心无旁骛地朝漫画家道路前进，四十多年来他创作了100部以上的作品，用简洁生动的线条，行云流水般的画笔融合对诸子百家、古典名著、唐诗宋词、佛经禅语的独到见解，将经典书籍白话化与漫画化，开启中国古典经典漫画的先河，风靡全世界，迅速打破了日本漫画在中国一统天下的局面。

人们常常津津乐道蔡志忠从辍学少年到漫画家的经历，认为他的人生就是一个关于梦想与坚持的天才造梦之路。记者问蔡志忠，是否认为自己称得上"传奇"二字？蔡志忠答，跟别人比起来算是传奇，也可以说是"奇怪"，因为他的起步跟很多小孩不一样。其实每个人都可以成为天才，只是"有时妈妈不知道"，一个人如果选择自己最喜欢的事来做，那么他一定很拿手，也更容易成功。你看看世界上最厉害的"天才"，哪一个不是这样的——老虎伍兹 5 个月就拿起了高尔夫球杆，辛吉斯 2 岁就开始打网球，史蒂芬·斯皮尔伯格 24 岁就拍了好莱坞电影，他们每个人都做了自己最爱的事，所以成功了。

至于自己画漫画的天赋从何而来，蔡志忠说，他 1 岁念《圣经》，两三岁开始上教堂。他所读的《圣经》是连环画本的，除了耶稣和圣母玛利亚的形象是外国人，其他形象都是中国人，教堂里也有彩色的米老鼠、大力水手等很多外国漫画。神父曾送过他一套贺年片，每一张都很华丽。这些回忆碎片就是他从小接触的图像，他感谢这些图像，不然"我一个乡下人，本来是没有机会画漫画的"。

蔡志忠说，何为天才？天才常常始于早期教育。天才不是天生的，天才是在不同生活环境下养成的，6岁之前是塑形的关键期。母亲生下我们时，我们如电脑，拥有一样的外形，但第二天内容就全部不一样了。美国哲学家弗罗姆说，每个人生于父母，但每个人都有重新生一次的义务。而中国也有这样一句俗语："三岁看大，七岁看老。"

对话蔡志忠：我不喜欢作品有别人的影子

问：听说您用11天就写完了《天才与巨匠》？

答：我从2015年5月5号开始写，写了11天，大概10万字左右。这次算是我写书时间长的了，平常我写一本书就7天左右。

我写作的状态是一鼓作气，不眠不休的。睡觉的地方是一张罗汉床，工作桌和这张罗汉床连在一起，除了上厕所，我都不用离开这张床，哈哈。这也是从2005年5月5号到2016年6月30号，我能完成25本书的原因。

因为写得这么快，经常有人怀疑我："是不是有一群写手帮你写字啊，是不是有一群人帮你画画啊？"怎么会呢，我一点儿都不喜欢作品有别人的影子，每一笔都是自己画的，每一个字都是自己写的。创意是最愉快的事情，怎么可能让别人替代呢？

问：您对数字好像特别敏感，记得特别清楚是吗？

答：对，我记得很多很多数字。我的记忆方式是在脑袋里盖大房子，建构一个钢架，然后把每一个转弯处都记住，比如哥伦布发现新大陆的日子，与李时珍的生日很像。

问：您的漫画古籍系列作品开创了古籍漫画的先河，您觉得自己和"古人"是如何交流的？

答：我对一切有智慧的东西，都充满兴趣。看书就是和古人做邻居，跟古人交朋友。我一生没有旅行过，我喜欢跟古往今来的人交流。

问：北大中文系教授、著名学者龚鹏程曾说："蔡志忠先生的漫画，似乎特别具有指点人生的意味；同时又在指点人生中，透露出艺术的美感与趣味。"您创作的灵感和源泉来自哪里？

答：灵感来自我和智慧的交流，我想把自己体会到的智慧，以创作的方式留给后人。我看纸质书很慢，习惯在电脑上看书。我喜欢下载古书，然后转成 Word（微软文字处理软件）文档，把它变成繁体字，再断开注上标点符号，看得眼睛都快瞎掉了。

创作瓶颈？在我身上没有这种事。如果我把所有笔记本完稿，至少还有 800 本书要出版。

问：当一个人成功时，人们总是想问问他为什么成功。这不仅是"成功学"的需要，也是人们好奇心的驱使。您认为您成功的秘密是什么？

答：成功的秘密，就是发现你最喜欢的事情，享受工作。我到现在都非常享受创作的状态，每天还是工作 16 至 18 个钟头。我没有手机，只用固定电话，没有什么消费需求，一天都花不出 50 元人民币。除了画画，我的爱好就是上网打桥牌。还是那个台湾的乡下小孩，很简单，做着自己最喜欢的事。

问：您走出了一条脱离教育之路，那么在教育自己的孩子时，您是怎么做的？

答：我女儿2岁的时候，我就问她长大要做什么，我希望她找到自己最喜欢的那把刷子。她说不当漫画家，因为看到爸爸每天在书房里画画，觉得很无聊。她很小就很有想法，说要当设计师。她12岁半就独立环游世界，到台湾，到香港，到温哥华。17岁，自己去美国读书。她去美国读大学，我只是每年给她2万美金。大学毕业时，女儿跟我说："从今天起，我不会跟你要一块钱。"16年了，她真的没有再跟我要过一块钱。她现在在办学校，教育幼儿，做自己最爱的事。

问：女儿自成年后就不用您的钱了，您的生活也非常简单，那么，您对于财富要如何处理？

答：我想做一件很大的事。我现在不讲，怕讲了你们会以为我讲大话。

问：您怎样看待生命？

答：有个人问禅师："人应该如何过自己的一生？"禅师说："人有两种，有一种人不知道如何过自己的一生。"那个人又问:"另一种人正确地踩在自己的人生道上吗?"禅师说:"不!另一种人误以为人有很多辈子,可一再犯错,下辈子重新再来过。"

我们只有一辈子,我们只能活一次,生命无法重新来过。每个人的一生都应该思考:我来这辈子到底是为了什么?想清楚之后便知道自己真正要的是什么,知道自己该怎么活。生命不是只用来换取权势、名位,要找到人生的目的,活出自己。

简介

蔡志忠,1948年生,台湾彰化人,著名漫画家。

(原载于2016年9月14日《深圳晚报》)

后 记

2016年9月，趁李辉老师来深圳做讲座的空隙，我前去拜访他。聊天时，得知李辉老师正在主编一套"副刊文丛"，他让我把过往的文化人物专访稿也搜集一下，编成一书。当时，我以为他只是客套地随口一说，更觉得自己的拙文难以摆上台面，未敢当真。

大约一个月后，李辉老师竟在微信上催稿，其认真的样子让我不敢再存半分拖拉，开始用心地整理书稿。

自2006年6月起至今，我已在文化圈浸润十余年。

每每向名家自报家门时，也常以"文化记者"自居。但采访的人越多，就发现自己懂得越少，恨不得再回大学校园读十年书，当然这个念头也仅仅是想想而已。

好在，采访的过程如同又读了一次大学。深圳因为地缘关系，常有名家穿梭往来，媒体人的身份，让我得以与诸多文坛大腕、专家学者有了面对面交流的机会。我常常忘记我是一个记者，觉得自己更像文化圈的一个"走读生"，在为之记录的同时，也不知不觉改变了自己。

这本小书所收录的文章，时间跨度为2006年至2016年，均以人物专访的形式采写。因篇幅所限，只选录了30余篇文章。文章所涉既有莫言、止庵、江晓原、刘慈欣、李银河等内地著名学者、作家，也有张大春、黄永松、阮义忠、马家辉、蔡志忠、董启章等港台名家，更有在文化界默默耕耘的资深老人，如编辑家褚钰泉，翻译家周克希、林少华、飞白等，此外还有与青年作家冯唐、阿乙、黄孝阳、笛安、张悦然的对谈，以及对李永平、黎紫书等马来西亚华语作家的专访。因自己视角和阅读厚度所限，每篇稿子虽然都用足了诚意，但今天来看，仍有错误和表述不当之处，敬请各位包涵。本书所有文章，均以报纸上的刊登日期为序。

最后，感谢李辉老师的邀请和催促，让我的小书有幸忝列"副刊文丛"这套大书；感谢胡洪侠先生，在百忙之中，答应为拙作作序；感谢大象出版社，让这本小书与大家见面。这是我的第一本书，对我来说更像一次总结，最大的好处是，能够一直提醒自己：不忘初心。

是为后记。

李福莹

2017年2月22日

精品栏目荟萃

《副刊面面观》

《心香一瓣》

《纽约客闲话精选集　一》

《多味斋》

《文艺地图之一城风月向来人》

《书评面面观》

《上海的时光容器》

《谈艺录》

《问学录》

《名人之后》

《纽约客闲话精选集　二》

《编辑丛谈》

《本命年笔谈》

《国宝华光》

《半日闲谭》

《云泥鸿爪一枝痕》

个人作品精选

《踏歌行》

《家园与乡愁》

《我画文人肖像》

《茶事一年间》

《好在共一城风雨》

《从第一槌开始》

《碰上的缘分》

《抓在手里的阳光》

《阿Q正传》

《风吹书香》

《书犹如此》

《泥手赠来》

《住在凉山上》

《老解观象》

《犄角旮旯天津卫》

《歌剧幕后的故事》

《色香味居梦影录》

《走读生》

《回家》

《武艺十八般》

《一味斋书话》

《收藏是一种记忆》